Johanna Woll, Margret Merzenich, Theo Götz

Alte Kinderspiele

4., aktualisierte Auflage

40 Fotos
29 Zeichnungen

Ulmer

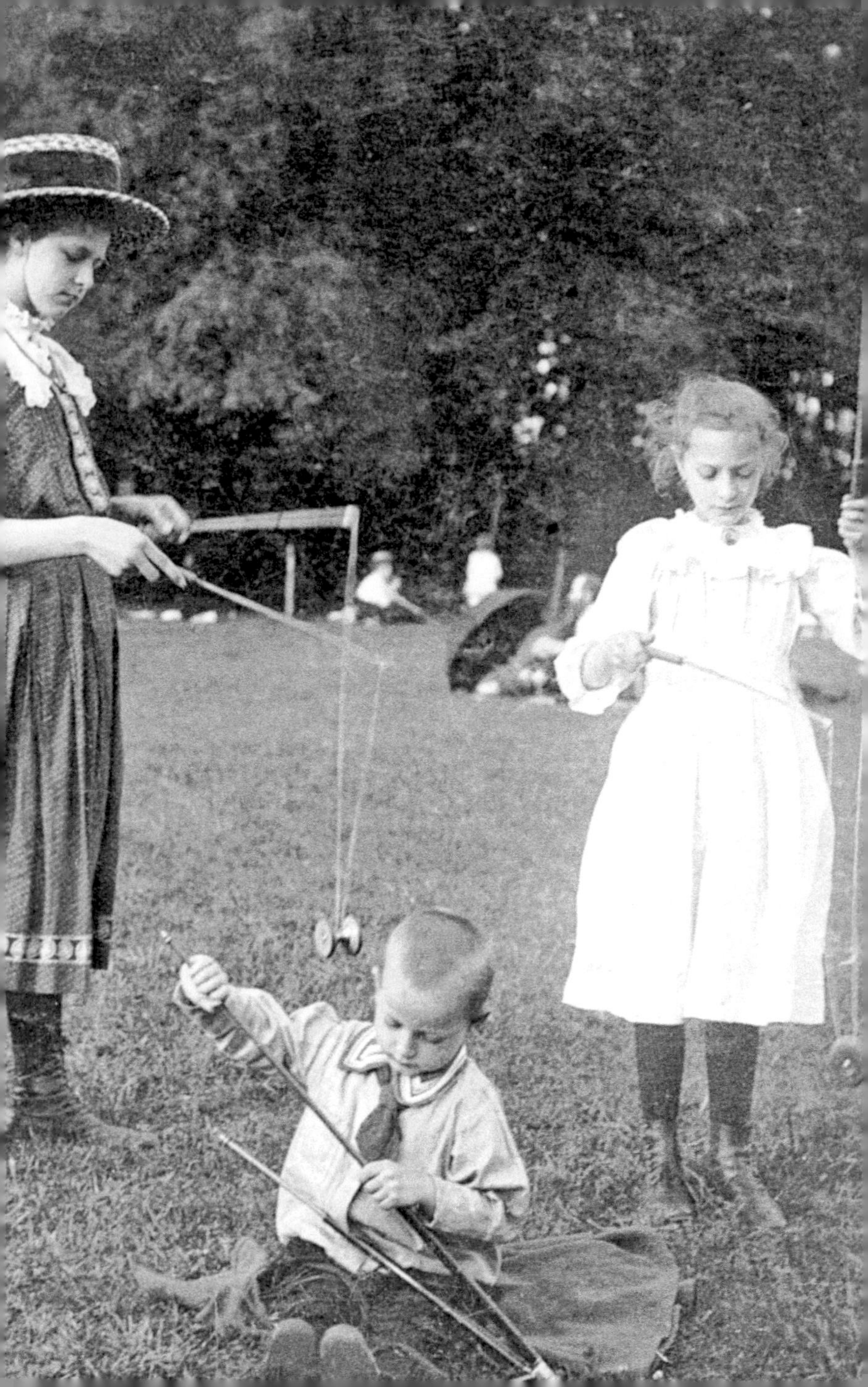

Inhalt

Einleitung

Wie fast die gesamte bäuerliche Kultur in den letzten Jahrzehnten – gleichsam vor unseren Augen – versunken ist, so haben die großen Veränderungen auch vor den Kinderstuben nicht Halt gemacht und vieles verschwinden lassen, was vorher lange Zeit lebendig war. Und was sich über Industrialisierung, Kriegs- und Notzeiten hinweg an Spielen gehalten hat, fiel dann oft einem falsch verstandenen Modernisierungswillen zum Opfer und musste Neuem Platz machen. Jahrhundertelang Gespieltes galt plötzlich als altmodisch und immer neues Spielzeug füllte die Kinderzimmer.

Zeitlos statt altmodisch

Erst in der jüngsten Vergangenheit besann man sich wieder auf diese „altmodischen" – beim genauen Betrachten jedoch zeitlosen – Spiele. Sie haben neue Beachtung verdient; in diesen Spielen konnten die Kinder ihre Fantasie und ihren Humor einbringen, ihrer Freude an der Bewegung freien Lauf lassen oder ihre Kräfte messen.

Die älteren Erwachsenen können sich meist noch gut an die Spiele erinnern, die sie als Kinder liebten, doch ist oft die genaue Anweisung oder der Wortlaut eines Reimes im Laufe der Jahre verloren gegangen. Für sie, aber vor allem für unsere heutigen Kinder haben wir viele Spiele, Reigen und Verse in diesem Buch zusammengestellt. Dabei fiel es uns nicht leicht, eine Auswahl aus der Fülle des mündlich und schriftlich überlieferten Spielgutes zu treffen. Wir nahmen deshalb vorwiegend Spiele auf, die in unserer engeren Heimat Hohenlohe gepflegt wurden. Es zeigte sich allerdings rasch, dass Spiele „grenzüberschreitend" sind und selten nur einer Landschaft zugeordnet werden können. Eine enge räumliche Eingrenzung ist daher nicht möglich und scheint uns auch wenig sinnvoll.

Zeitlich haben wir uns auf den Zeitraum von der Jahrhundertwende an festgelegt, weil bis dahin die Erinnerung älterer Menschen zurückreicht. Uns Jüngeren ist diese Epoche, die auch unser Leben geprägt hat, bald nur noch aus Geschichtsbüchern bekannt. Viele alte Menschen konnten uns aus ihrer Kindheit erzählen, wobei ein vorbereiteter Fragebogen als Gedächtnisstütze hilfreich war.

In unserer Sammlung gibt es Spiele, in denen Kaiser, Soldaten und Krieg eine Rolle spielen. Aber so wie in allen Zeiten Kinderspiele gesellschaftliche Gegebenheiten übernahmen, spiegelte sich auch zur Jahrhundertwende das damalige Weltbild in den Spielen wider.

Genauso entspricht das in manchen Spielen deutlich werdende Bild von Mutter und Vater, von Buben und Mädchen nicht der heutigen Auffassung von Familie und den jetzt geltenden Erziehungsgrundsätzen. Gesellschaftliche Veränderungen zeigen sich in ganz erstaunlich prägnanter Weise in den Spielen; nicht zuletzt deshalb sind sie für uns heute so interessant.

Um ein umfassenderes Bild dieser Zeit zu vermitteln und die Spiele besser verständlich zu machen, wird in diesem Buch nach einem kurzen geschichtlichen Überblick das Leben der Dorfkinder von damals beschrieben.

Für viele Kinder

Die Spiele selbst sind nach Themenkreisen angeordnet und berücksichtigen Kinder aller Altersstufen. Laufen, Fangen, Verstecken, Ball- oder Reigenspiele sind dann am schönsten, wenn sich eine größere Anzahl Kinder beteiligt. Während sich früher eine Schar spielender Kinder schnell eingefunden hat, kommen heute meist nur kleine Spielgruppen zusammen. Die alten Kinderspiele bieten sich deshalb heute besonders dort an, wo Kindergruppen schon beisammen sind: im Kindergarten, im Pausenhof der Schule, bei Kindergeburtstagen; aber auch als Kinderprogramm bei großen Festen. Wenn das Buch möglichst viele Kinder zum Nachspielen anregt, hat es seinen Zweck erfüllt.

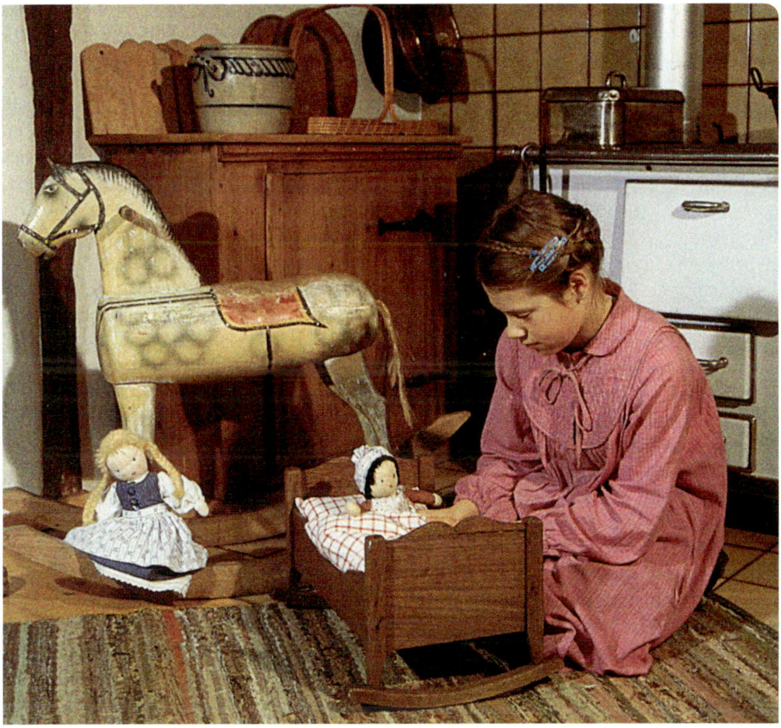

Früher wie heute mögen Kinder altes Spielzeug.

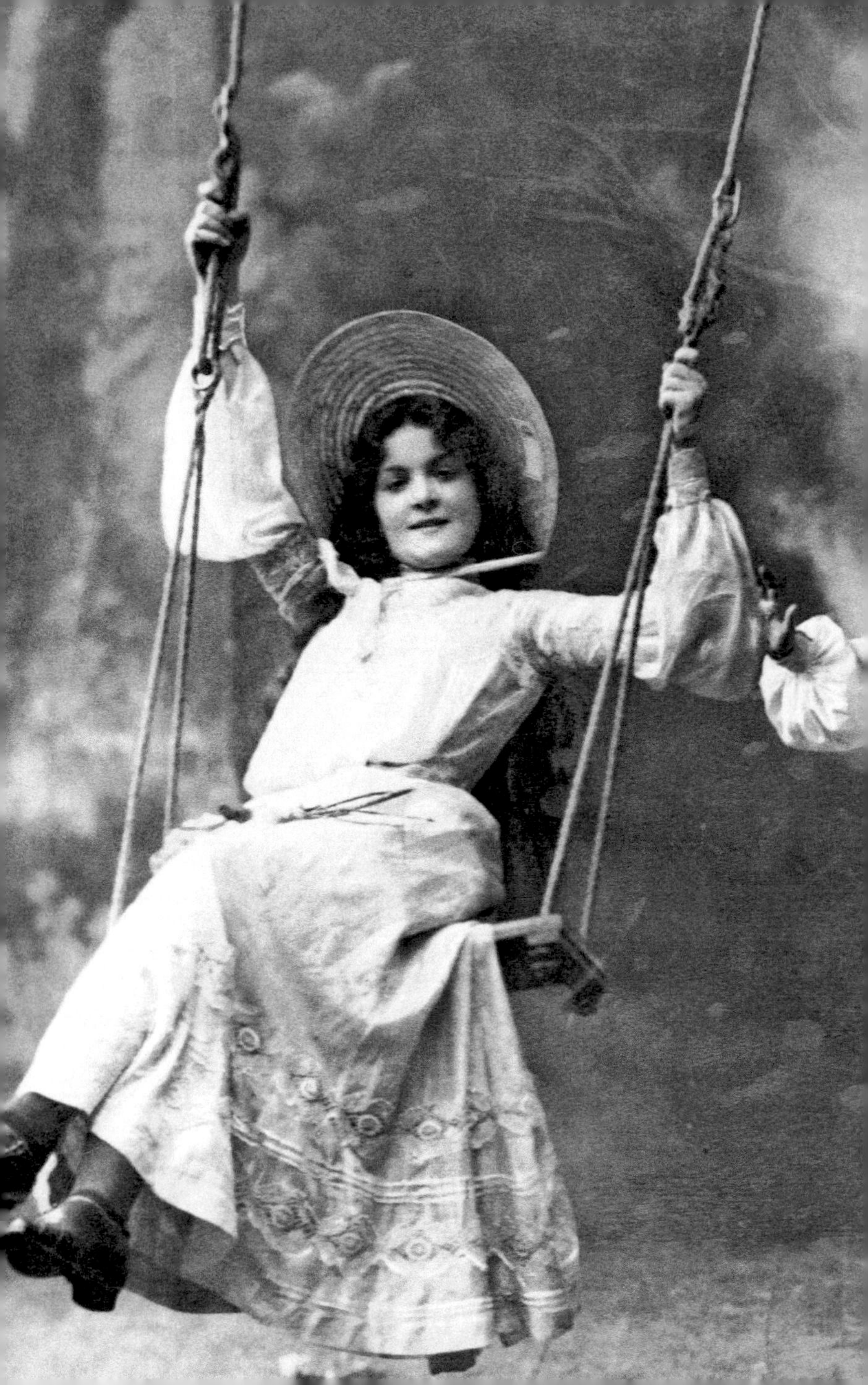

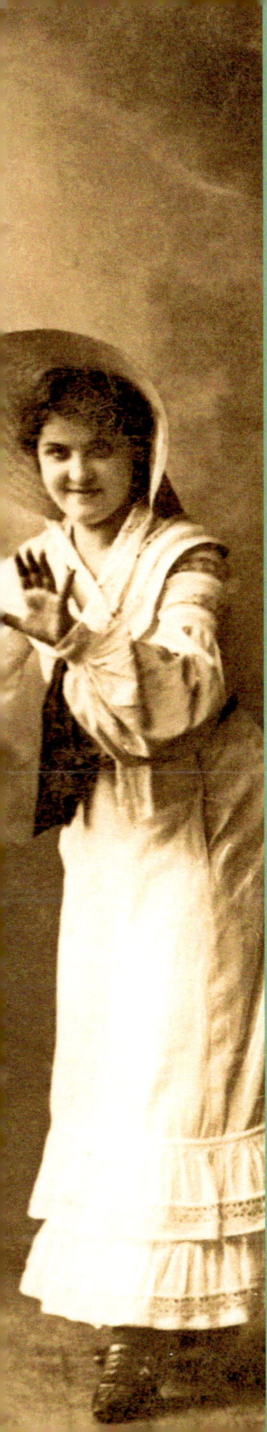

Kind und Spiel früher

Zur Geschichte des Spiels

Das kindliche Spiel ist wohl so alt wie die Menschheit – vielerlei Belege geben uns Aufschluss darüber. Mit Bällen spielten die Kinder in Ägypten ebenso wie im alten China. Auch die ersten Drachen stiegen in China auf, von dort kamen sie im Mittelalter zu uns. Aus dem zweiten vorchristlichen Jahrtausend in Ägypten stammen hölzerne Krokodile mit beweglichen Unterkiefern und Puppen aus Holz, Terrakotta und Gips mit beweglichen Armen und Beinen. Griechische Gefäße zeigen Reifen und Kreisel treibende Kinder, und im antiken Rom gab es vollständige Puppenhauseinrichtungen. Eine deutsche Miniatur aus dem 12. Jahrhundert zeigt zwei Knaben, die mit Figuren einen ritterlichen Zweikampf austragen. Auf dem Bild „Kinderspiele" von Pieter Bruegel aus dem Jahr 1560 sehen wir Scharen von Kindern, wie kleine Erwachsene anmutend, die verschiedensten Spiele ausführen: Tauziehen, Seilhüpfen, Bockspringen, Reifentreiben und viele andere.

Kinder als kleine Erwachsene

Bis ins 17. Jahrhundert hinein waren in adeligen und bürgerlichen Kreisen die Spiele der Erwachsenen und die der Kinder oft die gleichen; erst dann setzte eine Trennung ein. Im bäuerlichen Leben hatten Spiel, Tanz und Unterhaltung kaum Platz. Auch die Kinder waren in der Arbeit fest eingebunden. Die Kindheit dauerte nur kurz – dies galt für alle Bevölkerungsschichten. Für das Bauernkind, weil es schon früh hart mit zupacken musste; für das Kind der gehobenen Stände, weil es schon früh, mit fünf, sechs Jahren, einem uns heute unvorstellbar strengen Lernzwang unterworfen wurde. Kinder galten in jedem Fall als unfertige kleine Erwachsene und hatten sich in die Erwachsenenwelt einzuordnen, was oft durch strenge Reglementierung geschah. So finden wir regelrechte „Spielgesetze", wie zum Beispiel die 1426 in Nördlingen von der Obrigkeit erlassenen, wonach das Toben und alle Arten von Glücksspielen untersagt und nur „brave" Spiele wie Topfschlagen und Kreiseltreiben erlaubt waren.

Der Basler Ratsherr Andreas Ryff (geboren 1550) erzählt in seinen Kindheitserinnerungen, wie er jedes Mal, wenn er als Kind mit Sand spielen oder Steine zu Mauern aufschichten wollte, „dick und oft" geschlagen worden sei. Noch zu Goethes Zeit, in der man sich schon mit pädagogischen Fragen beschäftigte, herrschte strenge Zucht in der Erziehung, die kaum Freiräume zuließ. Wie schon erwähnt, zog sich das Unverständnis kindlichen Belangen gegenüber durch alle Stände. Es waren vielfach Kinder, die als billige Arbeitskräfte in der Spielzeugherstellung tätig waren. Im „Neuen Polizey- und Cameralmagazin" von Bergius (Leipzig 1779) wird Unternehmern empfohlen, Spielzeugmanufakturen am besten in der Nähe von Findel- und Waisenhäusern zu errichten.

Jean Jacques Rousseau (1712–1778) hat mit seinem Buch „Emile" einen grundlegenden Wandel zu Kindern bewirkt, und allmählich wurde das Kind als ein eigenständiges Wesen mit eigenen Bedürfnissen erkannt. In der folgenden Zeit waren es Johann

Heinrich Pestalozzi (1746–1827) und vor allem sein Schüler Friedrich Fröbel (1782–1852), die auf die Notwendigkeit des kindlichen Spiels hinwiesen. Fröbel richtete die ersten Kindergärten und Kinderspielplätze ein. Auch die teilweise heute noch verwendeten „Fröbel-Gaben" – das sind Lernspielzeuge – wurden von ihm entwickelt.

In vielen bildlichen und schriftlichen Darstellungen lässt sich gut beobachten, wie im ausgehenden 19. Jahrhundert Spiele und Spielzeug von den Erwachsenen zur Einübung bestimmten Rollenverhaltens eingesetzt wurden: in Helm, Schwert und Steckenpferd spiegelte sich die „vaterländische Zeit" wider, während bei den Mädchen mit der Puppe das Pflegende, Bewahrende im Vordergrund steht. Vor allem in der bürgerlichen Welt spielte dieser Aspekt des Spiels eine große Rolle – auf dem Lande maß man dem Einüben typisch männlicher oder weiblicher Tugenden weniger Bedeutung bei.

„Jahrhundert des Kindes"

Im 20. Jahrhundert, als „Jahrhundert des Kindes" proklamiert, hat sich der Gedanke der Kindheit als eigenständige Lebensphase mit eigenen Gesetzmäßigkeiten immer weiter ausgebreitet. Die Wissenschaften befassten sich mit diesem Thema, das Seelenleben des Kindes wurde erforscht, und Erziehungsfragen nahmen einen immer größeren Raum ein. Dementsprechend vergrößerten sich die Freiräume, die den Kindern zugestanden wurden.

Seit dem Zweiten Weltkrieg veränderten sich die Spiele der Kinder mehr und mehr. Spiele mit vielen Mitwirkenden, wie sie bis zu dieser Zeit in Stadt und Land gepflegt wurden, verschwanden und machten solchen Platz, bei denen weniger Kinder nötig waren. Das kindliche Spiel ist ja immer Spiegelbild der Gesellschaft oder der jeweiligen Epoche, und der Hang zur Vereinzelung, ein bestimmendes Merkmal unserer Zeit, drückt sich auch in der Art der Spiele aus. Hinzu kam, dass in den Städten der Spielraum knapper wurde. Die Kinder zogen sich in ihre oft reich ausgestatteten und doch die Fantasie lähmenden Kinderzimmer zurück. Fernsehen, Kassetten, Kino und Computerspiele tragen dazu bei, dass die alten Kinderspiele mehr und mehr in Vergessenheit geraten.

Kind und Familie

Im ausgehenden 19. Jahrhundert gab es im ländlichen süddeutschen Raum meist noch die traditionelle Großfamilie mit zwei, meist, drei, manchmal sogar vier Generationen unter einem Dach, die gemeinsam mit Angestellten auf dem Hof lebten. Die Familie im engeren Sinn als Gemeinschaft von Vater, Mutter, Kindern und Großeltern hatten weniger Bedeutung – wesentlich war die Hausgemeinschaft, das Zusammenleben von Familie und „Hausgenossen", also Knechten, Mägden und oft auch unverheirateten Verwandten. Die Kinder wuchsen ganz selbstverständlich in dieses Gefüge hinein, erlebten die Arbeitswelt der Erwachsenen, Geburt und Tod, die althergebrachten Ordnungen, das dörfliche Leben und spürten schon früh Geborgenheit, Aufeinanderangewiesensein und Abhängigkeiten dieser Lebensform.

So nötig diese Ordnungen und Regeln waren, damit das Zusammenleben vieler Menschen auf engem Raum funktionieren konnte, so häufig erscheinen sie uns heute sehr hart. Noch härter aber waren die Folgen für den, der sie nicht beachtete: der Ausschluss aus der Familien- oder Dorfgemeinschaft. Die alten Ordnungen boten auch Schutz und soziale Sicherheit – gab es doch noch keinerlei gesetzliche Altersversorgung. Erst in unserem Jahrhundert lockerte sich dieses strenge, auf althergebrachten Gesetzen beruhende System und ließ dem Einzelnen mehr Freiheit zum individuellen Handeln.

Viele Kinder wurden in der Familie geboren und viele starben in jungen Jahren. Die Eltern mussten damit rechnen, dass sie etliche ihrer Kinder frühzeitig wieder verloren. Viele Mütter starben im Kindbett und für den verwitweten Vater blieb fast keine andere Wahl, als noch einmal zu heiraten.

Das Gefüge in der Hausgemeinschaft

Bei der großen Kinderzahl blieb der Mutter wenig Zeit für das einzelne Kind, sodass die älteren, vor allem die Mädchen, schon früh „Kindsmagd" ihrer jüngeren Geschwister wurden und auch in ihrer knappen Freizeit meist ein Kleinkind „am Bändel" hatten. Auch waren es vielfach die im Haus oder im benachbarten Ausgeding lebenden Großeltern, die sich um die Kinder kümmerten. Noch heute erinnert sich mancher an die Zeit, in der abends zur Dämmerstunde, wenn die Eltern im Stall waren, der Großvater sich der Kleinen annahm und mit ih-

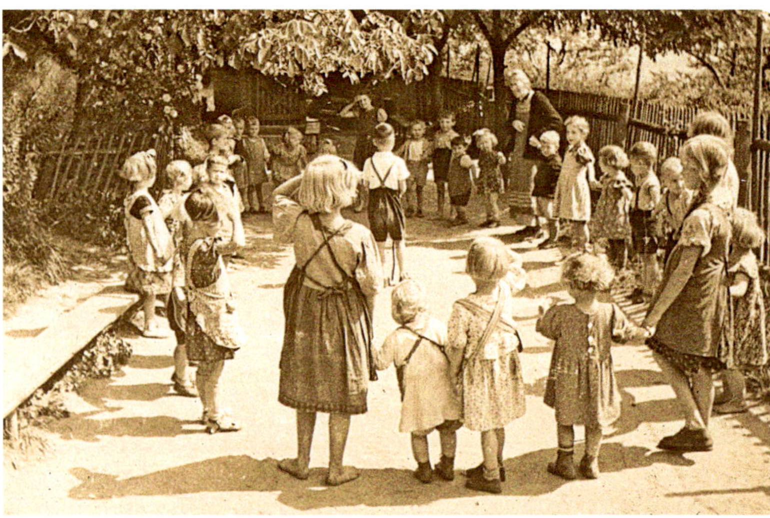

Schulkinder und auch die ganz Kleinen gesellten sich gerne zum Kreisspiel im Freien (Waldenburg, 1930).

nen die altvertrauten Spiele und Scherze machte.

Die weiteren Hausbewohner waren für die Kinder wichtige Bezugspersonen. Dabei spielte das Verhältnis zu den Mägden und Knechten eine wichtige Rolle – Wohl und Wehe hingen oft von ihnen ab. Verstanden sie sich gut, so hatten die Kinder ein leichteres Leben und manche Vorteile. Im anderen Fall war das Kind oftmals dem Druck und auch der Schikane von Großknecht oder -magd ausgesetzt und hatte nichts zu lachen.

Die ganze Hausgemeinschaft unterstand der Fürsorge und Aufsicht des Hausvaters, dessen Meinung in allen Bereichen bestimmend war. Nicht nur die Kinder, auch die Bediensteten hatten sich dem Wort und Willen des Bauern unterzuordnen. So hatte er zum Beispiel bei der Heirat seiner Knechte und Mägde ein Wort mitzureden. Dem Vater war absoluter Gehorsam zu leisten – Kinder hatten zu folgen, nicht mitzubestimmen. Dies galt für die tagtäglichen Belange ebenso wie in Fragen der Ausbildung, der Berufs- und Ehepartnerwahl. Oft fiel der Mutter die Rolle der Vermittlerin zu, die das strenge väterliche Machtwort etwas abmilderte. Die Bäuerin als Mitarbeiterin ihres Mannes war weit selbstständiger als die Ehefrau im Bürgertum. Je größer der Bauernhof war, desto mehr hatte die Frau die Möglichkeit, sich ganz Haushalt und Kindern zu widmen. „Der Bauer erwirbt, die Bäuerin hält zusammen!“. Dieser Satz ließ sich nur dann verwirklichen, wenn die Hausgenossen am selben Strang zogen wie Bauer und Bäuerin und ihnen etwas am Gedeih des Hofes lag. Dies wiederum hing ab von der Behandlung, die man ihnen angedeihen ließ.

Mitarbeit der Kinder

Die Kinder wurden schon früh zur Mitarbeit herangezogen. Ihre Arbeitskraft bildete einen festen Bestandteil der Abläufe in Haus, Hof und Feld. Typische Tätigkeiten der Kinder waren unter anderem: Brennholz aufsetzen und täglich Holz ins Haus tragen, Wasser pumpen und ins Haus oder in den Garten bringen, Futter schneiden, Stall und Scheune kehren, Mostfässer von innen reinigen, Brennholz und Tannenzapfen im Wald sammeln, Beeren und Kräuter sammeln, im Frühjahr Steine auf dem Feld auflesen, Disteln stechen, Rüben vereinzeln, „mähnen“, das heißt das Zugtier auf dem Feld führen, bei der Getreideernte Garbenstricke legen, zusammenrechen, in der Scheune das eingebrachte Heu treten, Vieh hüten, Obst und Kartoffeln auflesen, bei der Rübenernte helfen. Da die Kinder auch jederzeit zu Boten- und Einkaufsgängen und zur Mithilfe bei Großeltern oder Nachbarn herbeigerufen werden konnten, blieb ihnen nur wenig Zeit zum ausgiebigen Spiel. Dies aber wurde genutzt. Kinder zum Mittun fanden sich schnell, und so bevölkerten kleine Grüppchen und größere Scharen von Kindern Höfe und Straßen und vergnügten sich mit „Himmel und Hölle“, Murmeln, Reigen und vielem mehr. Beim Betläuten hieß es dann nach Hause gehen. Die Fülle von Spielen aus jener Zeit zeigt uns, dass Kinder immer wieder Gelegenheit zum Spielen fanden und, da es sonst kaum Möglichkeiten des Zeitvertreibs gab, diese intensiv nützten.

Stadtkinder – Landkinder

Geht man von einer mittleren Bevölkerungsschicht aus, so war der Lebensstandard in der Stadt meist höher als der der vergleichbaren bäuerlichen Bevölkerung. Vielfach hatten die Stadtkinder schon eigene Kinderzimmer mit auf sie zugeschnittenem Mobiliar und Spielzeug, während sich die Kinder auf dem Land Zimmer, oft sogar das Bett mit Geschwistern oder auch Erwachsenen teilen mussten. In der Stadt boten Läden und Märkte schon eine Vielzahl von Spielzeug an: Blechspielwaren, Lege- und Brettspiele, Kutschen, Fuhrwerke, Baukästen, Kaufläden, Kasperlebühnen, Puppen mit allem Zubehör, Trommel, Säbel, Steckenpferd und vieles mehr.

Auf dem Land war gekauftes Spielzeug rar. Vielleicht schenkte der Pate zu Weihnachten ein Püppchen oder einen „Hossegaul" (Schaukelpferd). So machten die Kinder aus der Not eine Tugend: Sie griffen zu den Dingen, die sie umgaben und spielten damit. Tannenzapfen wurden zu Kühen, aus Eichelhülsen ließen sich ganze Armeen zusammenstellen, Holzscheite konnten vom Schmiedehammer bis zum Wickelpüppchen alles bedeuten. Da oft nur der Spätnachmittag, wenn alle Pflichten erledigt waren, und der Sonntag Zeit zu Spielen ließen, bezogen die Kinder da, wo es möglich war,

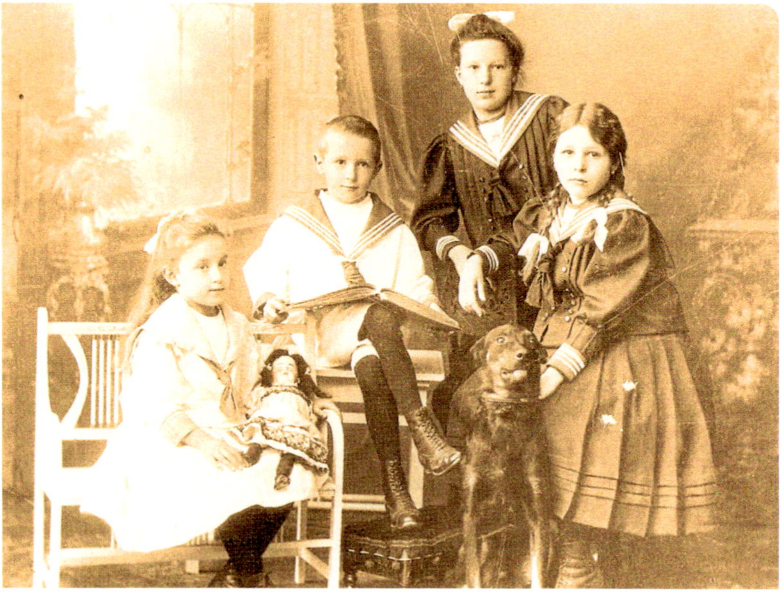

Stadtkinder im Sonntagsstaat um die Jahrhundertwende.

einfach ihre Spiele in die Arbeit mit ein. Beim Viehhüten konnte man gut nebenher spielen, das Steinelesen im Frühjahr verlockte zum Sammeln von schönen Steinen und Scherben, bei der Getreideernte fand sich zwischendurch Zeit, ein Mohnpüppchen oder eine Strohwindmühle zu machen und damit zu spielen.

Schule und Bildung

Wie die Freizeit, so musste auch die Schule hinter den Arbeiten auf dem Hof zurückstehen. So gab der Dorfschullehrer den Sommer über keine Hausaufgaben auf, weil seine Schüler doch nicht dazugekommen wären, diese zu erledigen. Nicht mangelnde Begabung, sondern die Bedingungen, unter denen Kinder aufwuchsen, waren der Grund für das Bildungsgefälle zwischen Stadt und Land, das erst in der jüngeren Vergangenheit ausgeglichen werden konnte.

In der überschaubaren Dorfgemeinschaft, in der jeder jeden kannte, wusste auch der Lehrer über die Familien seiner Schüler gut Bescheid – in der Stadt war dies weit weniger gegeben. Diese Einsicht in die familiären Verhältnisse – oft hatte der Lehrer schon die Eltern seiner Schüler unterrichtet – hatte Vor- und Nachteile; Nachteile dann, wenn der Lehrer, wie oft geschehen, die Kinder nach den Eltern beurteilte.

Da in der Stadt durch höhere Schulbildung eher ein sozialer Aufstieg zu erreichen war, wurde ihr ein höherer Stellenwert zugemessen. Viel Zeit wurde auf Hausaufgaben, Instrumentalunterricht, Handarbeiten und Ähnliches gewendet. Die Eltern überprüften das Wissen ihrer Kinder, unternahmen Bildungs- und Urlaubsreisen mit ihnen, legten Wert auf Umgangsformen und Schliff. Zu all diesem hatten Eltern auf dem Land kaum Zeit.

Während auf dem Land die Kinder von klein auf die Arbeitswelt der Erwachsenen erlebten und so langsam selbst hineinwuchsen, war für die Stadtkinder schon damals der Beruf ihres Vaters meist viel undurchschaubarer. Der Vater ging eben „ins Geschäft“.

Untere Schichten

Betrachtet man dagegen die untersten sozialen Schichten – in der Stadt die Arbeiter, auf dem Land Taglöhner und Kleinbauern – so zeigt sich, dass die Stadtkinder es hier oft schwerer hatten. Schlechter Wohnverhältnisse, Enge, Kälte, Hunger – Armut in der Stadt war bestimmt schwerer zu ertragen als auf dem Land, wo etwas zu essen und Holz zum Einfeuern leichter zu bekommen waren. Dennoch waren auch hier die Bedingungen, unter denen die Kinder der Ärmeren aufwuchsen, ausgesprochen hart. Es ging eng zu in den kleinen Häusern der Taglöhner, wo sich Eltern, Großeltern und meist eine große Kinderschar zusammendrängten. Oft war in einer Kammer der Webstuhl aufgebaut, der dem Vater durch Lohnweben ein kleines Zubrot ermöglichte. Die Frauen der Familie konnten dies durch Spinnen verdienen, und das Sprichwort „Spinne am Morgen – Kummer und Sorgen, Spinne am Abend – erquickend und labend“ ist in diesem Zusammenhang zu verstehen, denn wer sich schon am Morgen ans Spinnrad setzen musste, um für

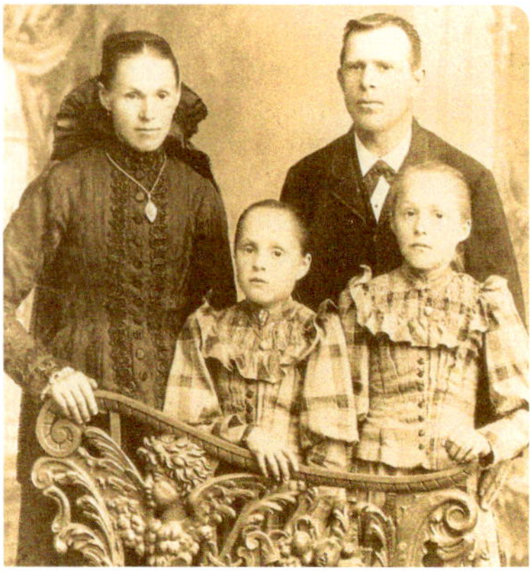

Bäuerliche Familie um 1900.

andere gegen Entgelt zu spinnen, hatte wohl ein härteres Los als diejenigen, die sich abends in froher Runde mit ihren Spinnrädern zusammensetzten.

Zwischen Stadt- und Landleben

Armut und Not zwangen damals in Stadt und Land viele junge Menschen dazu, ihre Heimat zu verlassen und auszuwandern.

Wenn Stadtkinder in den Schulferien zu Verwandten aufs Land kamen, zeigte sich, dass sie oft einfach „couragierter" waren als ihre dörflichen Altersgenossen. Sie traten forscher auf, getrauten sich mehr – welchem Bauernkind wäre es zum Beispiel eingefallen, einfach „aus Spaß" mit einem Ferkel wie mit einem Hündchen an der Leine durch das Dorf zu spazieren? In die Bewunderung mischte sich auch Mitleid, denn oft stellten sich die Stadtkinder im Umgang mit den selbstverständlichsten Dingen ausgesprochen ungeschickt an. Und was nützte die längere Freizeit in der Stadt, wenn man sie in Häusern eingezwängt oder höchstens in Parks und Anlagen verbringen musste und sich nicht in Feld, Wald und Flur frei bewegen konnte?

Dörfliches Leben

Wenn sich auch Dorf- und Hausformen, Lebens- und Essgewohnheiten von Landschaft zu Landschaft unterscheiden, so gab es doch in allen Regionen viel Gemeinsames.

Die Beschreibung des dörflichen Lebens ist aus der Sicht des Bereichs Hohenlohe geschildert.

Umgebung und Bewohner

In den von Streuobstwiesen und Hecken umgebenen Dörfern, deren Fahrwege bis zur Jahrhundertwende meist unbefestigt waren, fanden sich vorwiegend Bauernhäuser. Die größte Bevölkerungsgruppe machten die Kleinbauern aus. Dazu kamen die Taglöhner, Großbauern, Handwerker, die ersten Arbeiter, Lehrer und Pfarrer, Schultes und Wirt waren hauptberuflich Bauern. Auch der Pfarrer hatte in vielen Gemeinden lange Zeit sein eigenes „Pfarrgütle", das er mithilfe der Bauern bewirtschaftete, während der Lehrer höchstens ein paar Tiere hielt.

Häuser und Höfe

Die Bauernhäuser im Hohenlohischen waren überwiegend Wohnstallhäuser, in Sichtfachwerk errichtet oder auch verputzt. Sie beherbergten im Erdgeschoss die Ställe, im ersten Obergeschoss Wohn- und Schlafräume und unter dem Dach Fruchtboden und Schlafkammern für Knechte und heranwachsende Kinder. Die großen Höfe hatten meist freistehende Scheunen, während in den Seldnerhäusern, das sind die Taglöhner- und Kleinbauernhäuser, Stall, Wohnung und Scheune unter einem Dach lagen.

Vor dem Haus war meist ein Weg mit Sandsteinplatten befestigt, während der Hofraum keinen festen Belag hatte. Der Misthaufen auf der Straßenseite ließ jedermann Rückschlüsse auf den Tierbestand und damit auf die Besitzverhältnisse zu. Altenteil, Hausgarten, Brunnen, Hausbaum, Göpelhaus, Backhäuschen, Kleintierstall, Pflughüttle – je nach Größe des Gehöfts ergänzten solche Bauten und Einrichtungen das Anwesen.

Durch den längsseits gelegenen Eingang kam man zunächst in den „Ehrn“, den geräumigen Hausflur. Rechts und links davon lagen die Ställe, Futterkammer, Waschküche und Kellereingang. Im Ehrn waren die Pferdegeschirre, die Stallkleider und vieles andere griffbereit aufbewahrt, was zur täglichen Arbeit gebraucht wurde. Eine Treppe führte in das Wohngeschoss hinauf. Hier lag die geräumige Stube, in der sich, vor allem im Winter, das häusliche Leben abspielte. Viele Fenster an zwei Seiten machten sie hell und freundlich; darunter liefen Bänke entlang.

Einrichtung

Der Großvaterstuhl in der Ofenecke wie auch das Kanapee waren lederbezogen, der Ofen meist aus Gusseisen und noch lange von der Küche aus zu beheizen. Stube und Küche waren im Winter warm – Flur und Schlafkammer blieben eiskalt. Deshalb wärmte sich jeder gern sein Bett abends mit Wärmflasche, erhitzten Steinen oder Kirschkernsäckchen an. Bett, Schrank, Waschtisch, Stuhl bildeten meist die Einrichtung der nur zum Schlafen benutzten Kammern.

Kinder schliefen zu mehreren oder mit Erwachsenen zusammen in einem Bett. Eine Besonderheit im fränkischen

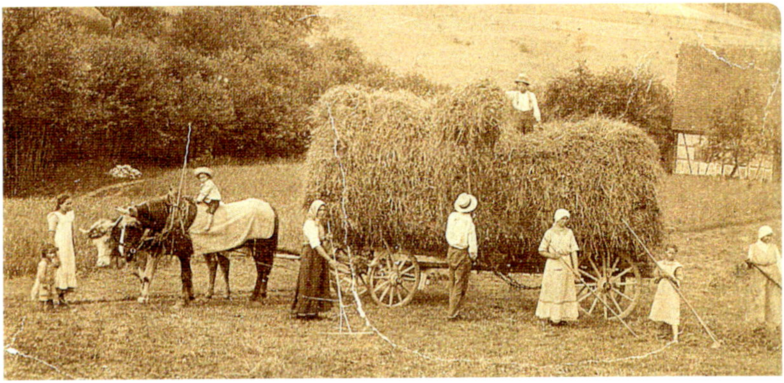

Die ganze Hausgemeinschaft half bei der Heuernte mit (Waldenburg-Sailach um 1914).

Raum war die „Stubenkammer“, auch „Verschlooch“ genannt. Sie lag zwischen Stube und Küche und bot Alten, Kranken oder auch Wöchnerinnen eine warme Schlafstätte.

Eine Kücheneinrichtung in der damaligen Zeit bestand aus dem eisernen Herd mit Wasserschiff, dem Spültisch aus Sandstein, Terrazzo oder Schiefer, einem Arbeitstisch mit Truhenbank, Stühlen, Vorratsschrank für Lebensmittel, Schüsselbrett für das täglich benutzte Geschirr und manchmal einem Backofen. In der Küche hat man sich auch gewaschen.

Alltagsleben

Das Heimatbuch Crispenhofen (Hohenlohekreis) berichtet über den bäuerlichen Tageslauf um 1900 Folgendes:

„Da die Mehrzahl der Einwohner aus Landwirten besteht, so richtet sich die Zeit der Mahlzeiten nach den Arbeiten. Die Mahlzeiten werden wenig im Freien eingenommen; nur in der Heuet oder der Ernte oder beim Kartoffelgraben wird auf dem Felde gefrühstückt und zu Mittag gespeist.

Im Winter stehen die Leute um 6 Uhr auf. Die Frauen bereiten das Frühstück und richten die Kinder zur Schule, die Mägde melken die Kühe, der Bauer besorgt mit den erwachsenen Söhnen oder Knechten den Stall. Um 7 Uhr wird dann gefrühstückt, das Vormittagsvesper fällt aus, das Mittagessen wird um 11 Uhr, das Nachmittagsvesper um 3 Uhr, und das Nachtessen wird erst eingenommen, wenn der Stall in Ordnung gebracht ist. Von Lichtmess an wird vor Eintritt der Dunkelheit zu Nacht gegessen.

In den Sommermonaten steht man schon um 3 oder 4 Uhr morgens auf. Eine Ausnahme kommt nur an Regentagen vor (5 Uhr).

Die Zeit des Mittagsmahles bleibt das ganze Jahr dieselbe, nämlich zwischen 11 und 12 Uhr. An Sonn- und Festtagen wird um 7 Uhr aufgestanden.

Das Kochen besorgt fast durchweg die Frau des Hauses oder die Schwiegermutter. Aufgetragen wird, wo eine Magd vorhanden ist, von dieser.

Das Brot zur Abend- und Morgensuppe wird abends gleichzeitig eingeschnitten. Ist das Essen aufgetragen, so stellen sich die Hausgenossen um den Tisch. Die Hausfrau oder die Großmagd, wenn eine solche vorhanden ist, spricht das Tischgebet vor und nach dem Essen. Der Bauer schöpft sich zuerst das Essen heraus, dann folgen der Großknecht, die Frau, die Großmagd, der Kleinknecht, die Kleinmagd und die Kinder. Während des Essens wird wenig oder gar nicht gesprochen. Wenn der Bauer, oder während dessen Abwesenheit der „Große“, den „Löffel wischt“, das heißt mit Essen aufhört, so steht alles auf, und die Frau oder Magd spricht das Dankgebet.

Ein jedes begibt sich wieder, ohne irgendetwas zu reden, an seine Arbeit: die Mägde mit der Frau in die Küche, der Herr mit den Knechten in den Stall, wo meist noch ein wenig gebummelt wird, ehe es an die wirkliche Arbeit geht. Es wird dies so gehalten nach dem Frühstück und namentlich nach dem Mittagessen; nach dem Abendessen wird sommers wenig mehr gearbeitet, doch kommt es im Winter vor, dass der Hausherr mit seinen männlichen Dienstboten Besenreisig ausputzt und Besen, welche er das

Jahr über sehr viele braucht, bindet, und dass die Hausfrau mit ihren Töchtern und Mägden entweder näht, flickt, Strümpfe stopft oder spinnt. Die Kinder nutzen die Winterabende aus, indem sie ihre Schulaufgaben machen. An den Sommerabenden vergnügen sie sich noch auf der Straße an freien Plätzen mit Spielen, bis etwa 9 Uhr oder etwas später die Abendglocke ertönt; dann begeben sie sich nach Hause und alsbald auch mit den übrigen Angehörigen zur Ruhe.“

Der Brauch des Zusammensitzens an Winterabenden hat sich bis in die Fünfzigerjahre erhalten. Nicht nur die Familie, sondern auch Nachbarn, Bekannte und vor allem die Dorfjugend trafen sich reihum in den Bauernstuben zu Arbeit und Unterhaltung. Diese Abende sind als „Vorsetz“, in anderen Gegenden als Lichtstube oder Spinnstube, bekannt.

Festtage

Die großen kirchlichen, aber auch alle anderen Feste waren die Marksteine im Jahreslauf. Während Silvester kaum gefeiert wurde, war der Neujahrstag ein Feiertag, an dem die Kinder in vielen Gemeinden zum Neujahrssingen von Haus zu Haus zogen. Auch an Fastnacht heimsten die Kinder bei den Nachbarn Küchle ein, desgleichen an den letzten drei Donnerstagen vor Weihnachten, wo im Hohenlohischen die Kinder zum „Anklöpferle“ von Hof zu Hof zogen. Geburtstage wurden kaum gefeiert – es war viel, wenn das Geburtstagskind zum Abendessen ein Spiegelei gebraten bekam. Taufen und Konfirmationen dagegen waren große familiäre Ereignisse. An Hochzeiten nahm das ganze Dorf teil.

War die Getreideernte eingebracht, so wurde am darauf folgenden Sonntag auf den Höfen die Sichelhenket oder Niederfallet gefeiert. Die Kärwe (Kirchweih) im Oktober, wenn alle Feldfrüchte geerntet waren, wurde vom ganzen Dorf gemeinsam begangen – mit Kärweschießen, Kärwebaum und natürlich dem Kärwetanz. Blooz gab es in Hülle und Fülle, und allen Erntehelfern stand eine festgesetzte Menge davon zu. Es gab viel weniger Feste als heutzutage. Deshalb wurden sie wohl auch viel intensiver gefeiert und konnten ein wirklicher Ausgleich zu dem entbehrungsreichen Alltag sein. Feste setzten Fasten, also ein Verzichten voraus, und verzichten mussten Alt und Jung auf vielerlei.

Nahrung

Die bäuerliche Bevölkerung war darauf angewiesen, alle lebensnotwendigen Dinge selbst anzubauen oder herzustellen. Dazu gehörte die Versorgung mit Kleidung, Heizmaterial und Geräten, vor allem aber mit Nahrungsmitteln.

Dabei mögen sich in den verschiedenen Landschaften Deutschlands im Einzelnen unterschiedliche Formen und Gewohnheiten ausgebildet haben – im Ganzen gesehen hat sich die bäuerliche Lebenswelt anderer Regionen aber sicher nicht wesentlich von der des süddeutschen Raumes unterschieden. Hier gab es zum Frühstück Milchsuppe, Malzkaffee mit eingetunktem Brot; wenn frisch gebacken war, auch Weißbrot oder Hefezopf. Für die Milchsuppe wurde das Brot mit Wasser angebrüht, leicht gesalzen, dann das Wasser abgegossen und heiße Milch darüber gegeben.

Das Vesper am Vormittag bestand aus Brot, Wurst und meistens Most. auch Luggeleskäs, aus Sauermilch gestockter Quark, war vor- und nachmittags zum Vesper beliebt.

Das Mittagessen begann mit einer Suppe (Grieß- Reis-, Gersten-, Riebeles-, Nudel- oder Kartoffelsuppe). In der kalten Jahreszeit und nach Schlachttagen gab es mehr Fleisch, häufiger gesotten als gebraten, dazu Kartoffeln in verschiedenen Zubereitungsarten. Teigwaren wurden selbst hergestellt. An Gemüsesorten wurden Wirsing, Lauch, Bodenrüben, Gelbe und Rote Rüben, Kraut, Kopfsalat, Schnittsalat sowie Hülsenfrüchte angebaut. Sauerkraut war ein beliebtes Essen, das im Winter mehrmals in der Woche auf den Tisch kam. Die Mehl- und Eierspeisen wurden in folgender Zusammenstellung aufgetragen: Dampfnudeln mit gekochten Hutzeln; Pfannkuchen mit Salat, Kartoffelsalat oder Kompott; Eiergschmorgel mit Salat; geröstete Spatzen mit Salat.

Zum Abendessen gab es vielfach Reste vom Mittagessen und meistens eine Brotsuppe.

Etwa alle zwei bis drei Wochen hatte die Bäuerin ihren Backtag. Die Kinder mussten dabei kleine Hilfsdienste leisten und freuten sich schon auf den ersten Blooz. Blooz, auch Platz, Hitzkuchen genannt, besteht aus einem dünnen Hefeteigboden mit süßem oder salzigem Beleg. Diesen gab es zusammen mit Kaffee an Backtagen zum Mittagessen.

Die Kleidung des Kindes

Die harten Lebensbedingungen, unter denen Kinder in der damaligen Zeit aufwuchsen, spiegeln sich letztlich auch in der Kleidung wider. Wie oft war sie nicht ausreichend, wie oft aus unzweckmäßigem Material, nicht passend, kratzend und unbequem. Nicht nur die mangelnde Einsicht in kindliche Bedürfnisse spielte da eine Rolle, sondern natürlich auch die fehlenden finanziellen Möglichkeiten der Eltern und der harte Alltag, in dem Wichtigeres zu tun war, als sich um Kinderkleidung zu kümmern.

Ob Bauer, Taglöhner oder Handwerker: um Kinderkleidung wurde nicht viel Aufhebens gemacht. Meist war sie knapp und wurde deshalb unter den Geschwistern weitervererbt, dabei immer wieder sorgsam ausgebessert. Wenn die Mutter oder die mehrmals im Jahr ins Haus kommende Näherin etwas Neues für ein Kind schneiderte, dann aus einem abgelegten Stück eines Erwachsenen. Kleidung aus neuen Stoffen oder Konfektionsware wurde kaum angeschafft.

Sonntags- und Werktagsgewand

Die Kinder wurden von klein auf dazu angehalten, ihre Kleidung zu schonen, vor allem das Sonntagsgewand, das aus diesem Grund nach dem morgendlichen Kirchgang oftmals wieder abgelegt werden musste. In ihm durfte nicht gespielt werden, aber der Sonntagnachmittag war für viele Kinder die einzige Zeit, die zum ausgiebigen Spielen übrig blieb. Nur bei den Singspielen und Reigen der Mädchen litten die „guten Kleider“ keinen Schaden, und

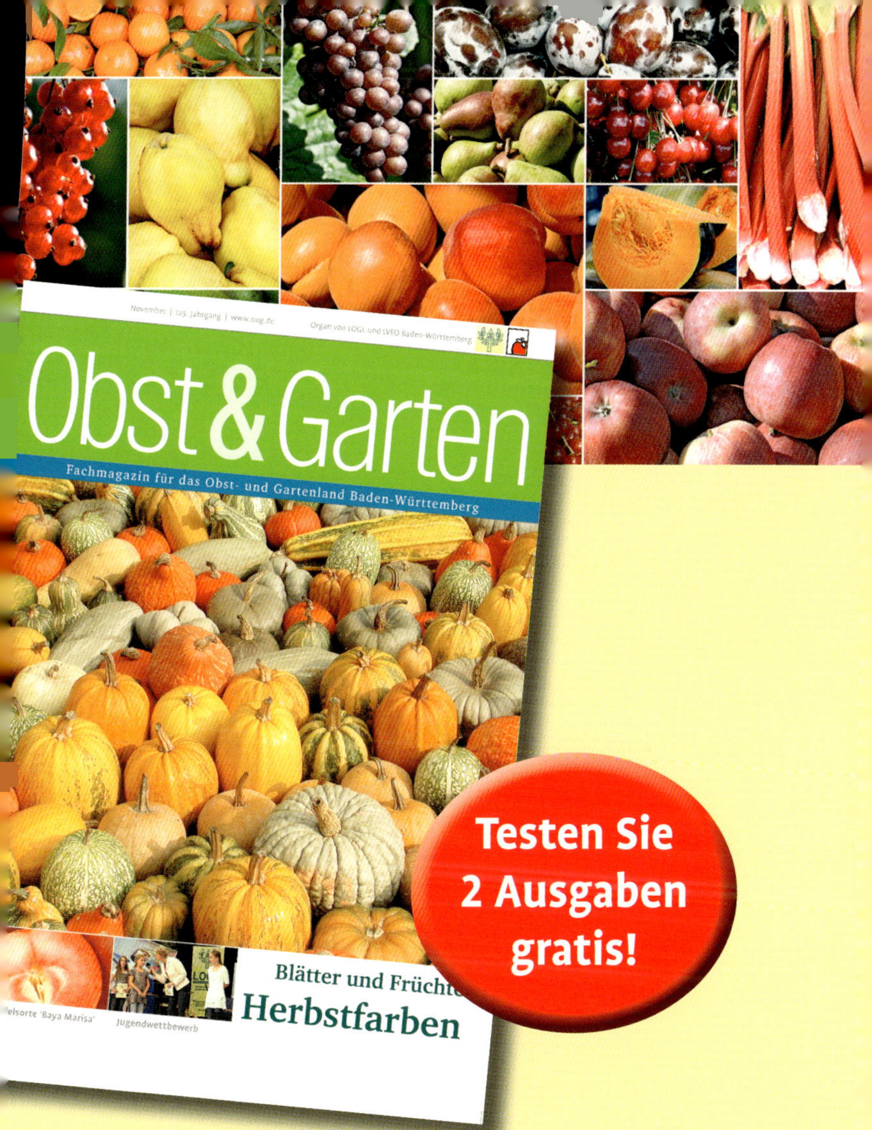

November | 129. Jahrgang | www.oug.de
Organ von LOGL und LVEO Baden-Württemberg
Obst & Garten
Fachmagazin für das Obst- und Gartenland Baden-Württemberg
elsorte 'Baya Marisa'
Jugendwettbewerb
Blätter und Frücht
Herbstfarben
Testen Sie
2 Ausgaben
gratis!

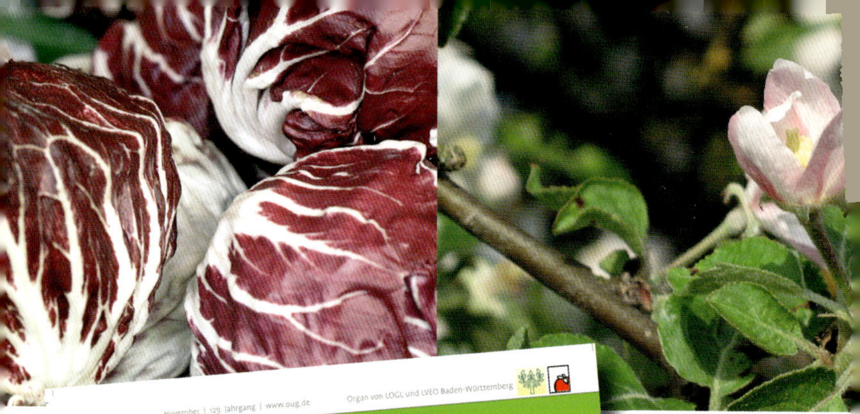

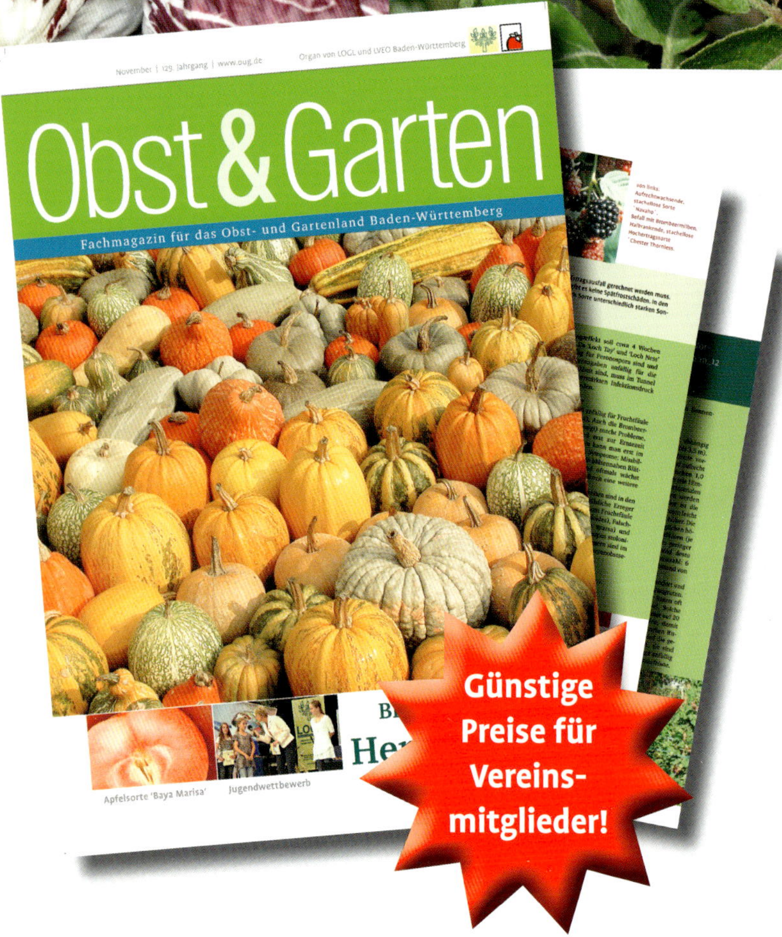
November | 129. Jahrgang | www.oug.de
Organ von LOGL und LVEO Baden-Württemberg
Obst & Garten
Fachmagazin für das Obst- und Gartenland Baden-Württemberg
Apfelsorte 'Baya Marisa'
Jugendwettbewerb
Günstige Preise für Vereinsmitglieder!

www.oug.de

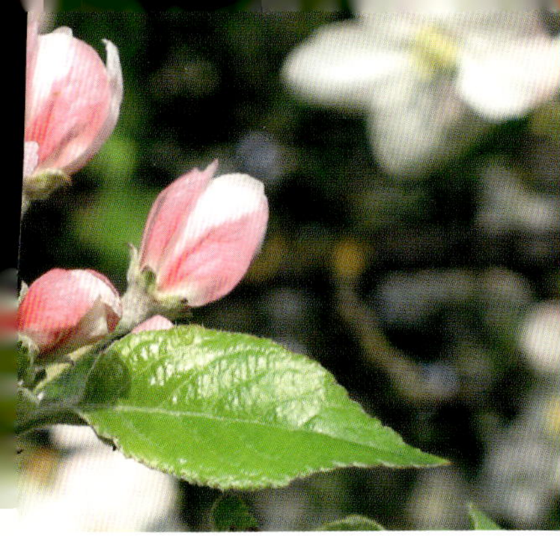 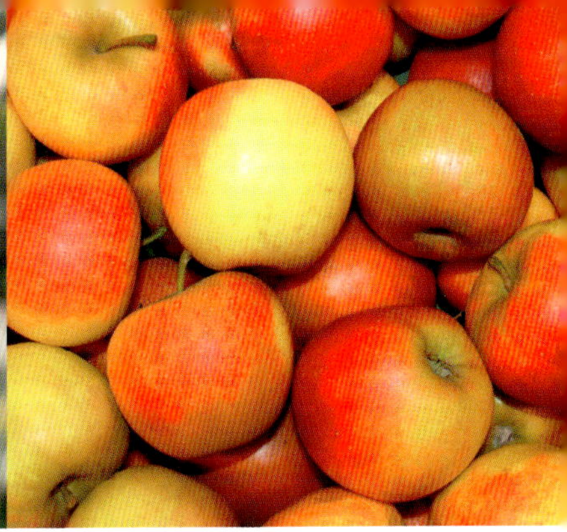

Mit Obst & Garten machen Natur und Garten noch mehr Freude!

Jeder Gartenfreund wünscht sich, dass Obst und Gemüse, Heil- und Gewürzpflanzen bestens gedeihen. Unverzichtbar und der ideale Helfer: **Obst & Garten,** das Fachmagazin für ein erfolgreiches Gartenjahr.

Das Mitteilungsorgan des LOGL bietet jeden Monat starke Themen:

- Aktuelle und fundierte Berichte zu Obst-, Garten und Landschaftsthemen
- Ratschläge zu Anbau, Ernte, Lagertechnik und Verwertung
- Fachinformationen zu Sorten, Anbausystemen und Haltbarkeit
- Aktuelle Nachrichten über die Aktivitäten des LOGL und der angeschlossenen Vereine

Tolle Zusatznutzen für Abonnenten:

- Arbeitskalender mit allen anfallenden Arbeiten in Nutz- und Ziergärten in jeder Ausgabe

BONUS
100% kostenlose Nutzung des Online-Archivs

so wurden solche Spiele gern an Sonntagen ausgeübt.

Für alles andere zog man lieber die Werktagskleider an: für Buben vom Schulalter an waren dies knielange Hosen aus unempfindlichen Stoffen, von Hosenträgern gehalten, dazu ein Baumwollhemd. Erst zur Konfirmation oder zur Schulentlassung gab es die ersten langen Hosen. Strickjacke oder Stoffkittel kamen im Winter hinzu, auch die langen, handgestrickten Wollstrümpfe, die mit Gummis an Leibchen angeknöpft wurden – Kleidungsstücke, die Kindern in Stadt und Land wohl gleichermaßen verhasst waren. Sobald es die Witterung und die Mutter zuließen, verzichtete man auf dieses unbequeme Kleidungsstück, rollte die langen Strümpfe herunter oder hatte gar Kniestrümpfe zu den Schnürstiefeln an. Nun dauerte es nicht mehr lange bis zur Barfußlaufzeit, die bis weit in den Herbst hinein reichte. Schuhwerk war kostbar. Ein Paar der dunkelbraunen oder schwarzen Schnürstiefel, vom Dorfschuster angefertigt, musste, immer wieder geflickt, eine ganze Geschwisterreihe aushalten. Waren die Stiefel im Winter nass geworden, hieß es, solange daheim zu bleiben, bis sie getrocknet waren, oder wieder in die nassen zu schlüpfen. Das galt für die gesamte Kleidung, die oftmals wenig zweckmäßig und kaum auf kindliche Bedürfnisse zugeschnitten war. Einen Wintermantel besaßen die wenigsten Kinder. Die Kleinen wurden in ein wollenes Umschlagtuch der Mutter gepackt, die älteren hatten Jacken aus

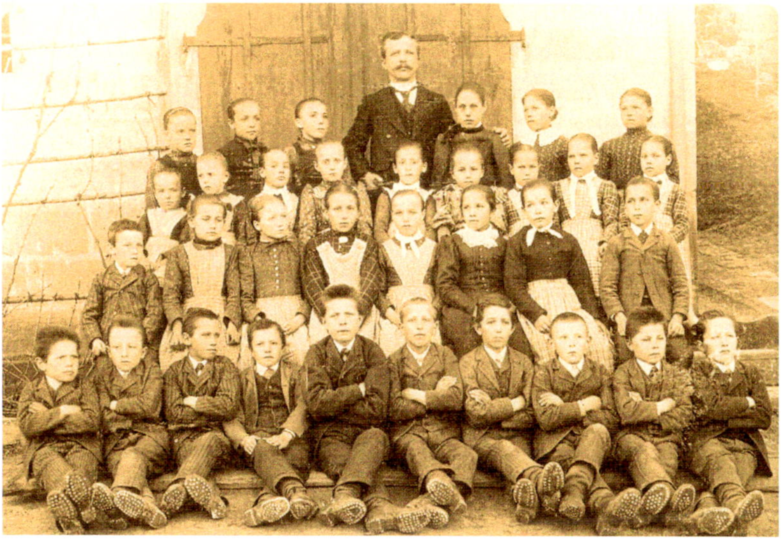

Für das Klassenfoto zogen sich die Schulkinder ihre „guten Kleider" an.

Wollstoff – vielleicht aus Großvaters Mantel umgearbeitet – oder zogen einfach alles über, was warm gab.

Mangelhafte Kleidung und unzureichende Ernährung ließen Erwachsene und Kinder häufig krank werden, wobei eine Lungenentzündung lebensgefährlich war. Die Mädchen trugen das ganze Jahr hindurch Kleider – Röcke und Blusen waren nicht gebräuchlich. Darüber durfte die Schürze nicht fehlen, die es in drei Kategorien gab: Sonntags-, Schul- und Werktagsschürze. Schürzen bestanden aus unterschiedlichen Stoffen, waren aber gleich gearbeitet: ein hochgeschlossener Koller (Passe), der hinten geknöpft wurde und an den ein gefasstes Rockteil angenäht war. Ohne eine dieser Schürzen war ein Mädchen nie anzutreffen, dafür sorgten die Frauen des Hauses. Die Werktagsschürze konnte den Badeanzug ersetzen: mit einer Sicherheitsnadel wurde einfach im Schritt der Stoff zusammengehalten.

Haare und Kopfbedeckung

Auch Haarschleifen waren unentbehrlich. Zöpfe, Affenschaukeln, Schnecken und all die anderen Frisuren, bei deren oft zeitaufwändiger Herstellung morgens die älteren Mädchen den jüngeren halfen, wurden damit gehalten. Schöne Haarmaschen waren der Stolz der kleinen Mädchen – waren sie doch der einzige Farbtupfer und Schmuck an der dunklen, schlichten Kleidung. Während die Mädchen ihre Haare immer lang trugen, waren die der Buben aus praktischen Gründen stets kurz geschnitten. Deshalb gehörte im Freien bei ihnen die Mütze auf den Kopf, die rasch gezogen wurde, wenn eine Respektsperson zu grüßen war. Bis zum Alter von drei bis vier Jahren waren Mädchen und Buben gleich gekleidet. Sie trugen einfache Kleidchen aus Baumwolle oder Wolle. Das war praktisch und Wäsche sparend.

Hygiene

Das Wäschewaschen war eine mühsame Arbeit, die je nach Wäschevorräten, in kleineren oder größeren Zeitabständen anstand. Im Durchschnitt wurde wohl alle vier bis sechs Wochen Waschtag gehalten. Richtiger ist es, von Waschtagen zu sprechen, denn die Prozedur zog sich vom Einweichen der Wäsche über das Ausbürsten, Kochen, Spülen, Wringen, Trocknen, eventuell auch Bleichen, Bügeln oder Mangeln über einige Tage hin. Kein Wunder, dass die Frauen bemüht waren, die frische Wäsche zu schonen, wo es ging. So war es üblich, dass die Mutter am Sonntagmorgen die frische Wäsche zurechtlegte, die die ganze Woche halten sollte.

Was die Körperhygiene anlangte, so fand meist ein gründliches Bad am Samstagabend in der Waschküche statt, wo im Waschkessel Wasser erhitzt und in eine Zinkwanne umgeschüttet wurde. An den anderen Wochentagen wusch man sich am Wasserstein in der Küche oder an der Waschschüssel in der Schlafkammer. Dabei war warmes Wasser Mangelware, denn für alle reichte der Inhalt des Wasserschiffs auf dem Herd nicht. Fließendes Wasser gab es in den meisten Häusern seit der Jahrhundertwende – der einzige Hahnen dazu befand sich in der Küche.

Spielplätze

In jeder Jahreszeit gab es im Dorf und seiner Umgebung eine Fülle von Spielmöglichkeiten an verschiedenen Plätzen. Im Haus hielt man sich überwiegend in den Wintermonaten auf.

Die Stube

Es gab keine Kinderzimmer, beheizt wurden nur Wohnstube und Küche. Zum Spielen fand man sich in der Stube ein, die der Mittelpunkt des häuslichen Lebens war. Maria Beig beschreibt in ihren Kindheitserinnerungen eine solche Stube: „Die Stube hatte mit ihrer kargen Einrichtung vielen Bedürfnissen genügt. Nie war es vorgekommen, dass jemand, auch Gäste oder Nachbarskinder, am großen Tisch vor dem Tischwinkel nicht Platz gehabt hätte. Alle die vielen konnten sich täglich daran satt essen und den Durst löschen. Am riesigen, dunkelgrünen Kachelofen in der Ecke gegenüber dem Tisch konnte man sich auf der Ofenbank ausruhen und wärmen. Im Stubenkasten, der auch Millkasten hieß, weil man in ihm noch früher die Milch aufstellte, um sie abzurahmen und sauer werden zu lassen, waren Dinge, die man zum Lernen, Lesen, Flöten, Spielen, Nähen und Stricken brauchte. Dazu konnte man in der Stube beten, singen, weinen und auf dem Kanapee gar gesund werden.“ (Maria Beig, Rabenkrächzen).

In der Stube trafen sich abends Alt und Jung zu Arbeit und Unterhaltung, auch Nachbarn und die Dorfjugend kamen hinzu. Die Kinder hatten dabei auch etwas zu tun: sie drehten die Haspeln, sorgten für Holz zum Nachlegen, die Mädchen flickten oder wurden in Handarbeiten eingewiesen, die Buben halfen bei Reparaturen oder schnitzten. Dabei horchten sie auf die Gespräche, Geschichten und Lieder der Großen und hatten auch Zeit für ein Spiel. Bohnenkerne und Nüsse waren die Spielsteine. Auch Brettspiele wurden hervorgeholt, Rätsel aufgegeben und Neckverse gesprochen.

Bühne, Scheune, Hof und Dorf

Bühne (Dachboden) und Scheune waren, vor allem bei schlechtem Wetter, beliebte Spielorte. Der Hofraum mit seinen Winkeln, Mauern, offenen Toren, Leiterwagen, dem Brunnen, Hausbaum, Hackklotz und der Holzbeige regte die Kinder zu vielen Spielen an. Auf Hackklötzen wurde gewippt, mit Holzscheiten wurde gekegelt und allerlei gebaut. Das Scheunentor war ein idealer Platz für Ballspiele, wie das „Zehnerle“. Da die Hoffläche nicht befestigt war, konnte man auf ihr gut mit Murmeln spielen. Der feste Untergrund zum Kreiseltreiben fand sich auf den Sandsteinplatten vor dem Haus.

Über Dorfstraßen und -plätze trieben die Buben ihre reifen, wobei die eisernen auf den gepflasterten Stellen laut klapperten. Wer nicht das Glück hatte, einen eigens geschmiedeten Reifen zu besitzen, half sich mit einem ausgedienten Fass- oder Radreifen. Andere Reifen waren aus Holz oder zusammengewundenen Weidenruten. Die Jungen gelangten meist zu großer Kunstfertigkeit darin, den Reifen ohne Unterbrechung durch schwierige Stellen und allerlei Hindernisse zu treiben – war er doch vielmals ihr ständiger Begleiter bei allen Boten- und Einkaufsgängen. Mit derselben Ausdauer waren die Mädchen beim Seilhüpfen anzutreffen. Ausgediente Viehstricke wurden zusammengeknotet, und schon hüpften die Mädchen einzeln, paarweise oder in ganzen Scharen durch das geschwungene Seil, nach festen Reimen und Regeln. Bei allen Spielen fanden sich immer rasch genügend Mitspielende ein, und nur selten musste einem Fuhrwerk oder anderen Fuhrzeugen ausgewichen werden. Schwierigkeiten gab es eher, wenn der Eigentümer des zum Spiel benützten Gebäudes oder Geländes damit nicht einig war und die Kinder schimpfte oder verjagte. Eine aufregende Flucht war die Folge.

Dies kam aber selten vor, da Kinder im Allgemeinen überall gern gesehen wurden. Nur Schaden sollten sie verständlicherweise nicht anrichten, und so war das Spielen auf den Wiesen nur im Frühjahr und dann wieder im Herbst erlaubt. An Ostern fanden die Kinder hier die bunten Ostereier und „hurgelten“ sie, das heißt, sie ließen sie über die Wiese rollen – Sieger wurde der, dessen Ei am längsten ganz blieb.

Spiele im Jahreslauf

Pfeifen aus Weiden schnitzen, Löwenzahnketten und Blumenkränze winden, Stücke zuspitzen, „spachteln“, Rindenschiffe schnitzen, Beerenketten auffädeln, auf Grashalmen pfeifen – mit all diesem und vielem anderen vertrieben sich die Kinder die Zeit beim Viehhüten, das meist Kinderarbeit war. Auch bei der oft eintönigen Feldarbeit suchten die Kinder gern ein wenig Abwechslung.

Im Herbst war es eine Kunst, einen Drachen so zu bauen, dass er sich hoch und höher in die Lüfte erhob. Welche Freude, beim Verbrennen des Kartoffelkrautes frisch geerntete Kartoffeln zu rösten und zu essen. Einen besonderen Reiz übte auf alle Kinder das Spielen am Bach oder Weiher aus. Aus einer Kartoffel und Holzschindeln ließ sich leicht ein Wasserrad bauen, das dann der Bach antrieb. Viel Geschick erforderte es, einen Bach zu stauen, wenn die Kinder mit einfachen Mitteln wie Steinen, Lehm, Sand und Zweigen, eine Staumauer bauten und abdichteten.

Im Winter war das Schlittschuhlaufen lange Zeit Sache der Buben. Erst seit der Jahrhundertwende durften sich auch die Mädchen, die vom Dorfschmied hergestellten oder aus der Stadt erhaltenen Eisen an ihre Stiefel schnallen. Ansonsten vergnügten sie sich mit dem Schleifen (Schliddern) über die Eisfläche oder im Dorf auf gefrorenen Wasserrinnen oder Dorfbächen.

War „Pappschnee“ gefallen, rollten die Kinder große Schneekugeln über den Hof und bauten einen Schneemann vors Haus. Ein herrliches Wintervergnügen war das Schlittenfahren. Wenn die Dämmerung hereingebrochen war, wurde es besonders schön, einzeln, zu mehreren oder in langen Schlittenketten die Hügel hinabzusausen.

An den großen Schneeballschlachten beteiligten sich oft ganze Straßenzüge – Kinder und manchmal selbst Erwachsene.

Das Weihnachtsfest brachte Spielvergnügen mit sich, auf die sich die

Vorfreude ein ganzes Jahr lang ansammeln konnte. Welche Freude, wenn die Puppenstube, vielleicht in neuer Farbe erstrahlend oder um einen Bewohner bereichert, an Heiligabend wieder auf dem Gabentisch stand! Nach den Feiertagen verschwand die ganze Pracht wieder, zusammen mit anderem kostbaren Spielzeug. Auch die Puppen mit ihren zerbrechlichen Köpfen und Gliedmaßen waren nur fürs häusliche und damit winterliche Spiel geeignet.

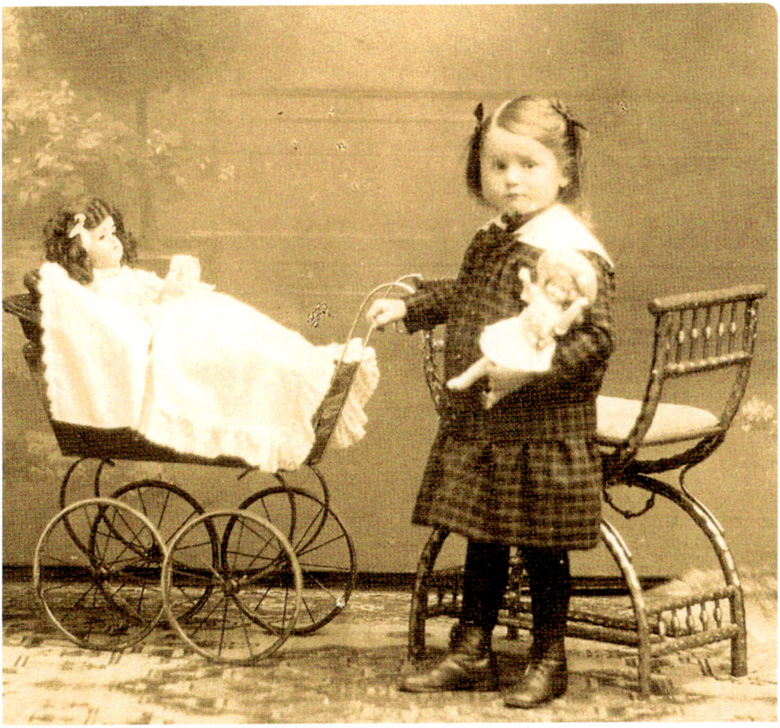

Stolz führt die kleine Puppenmutter ihre Kinder vor (um 1900).

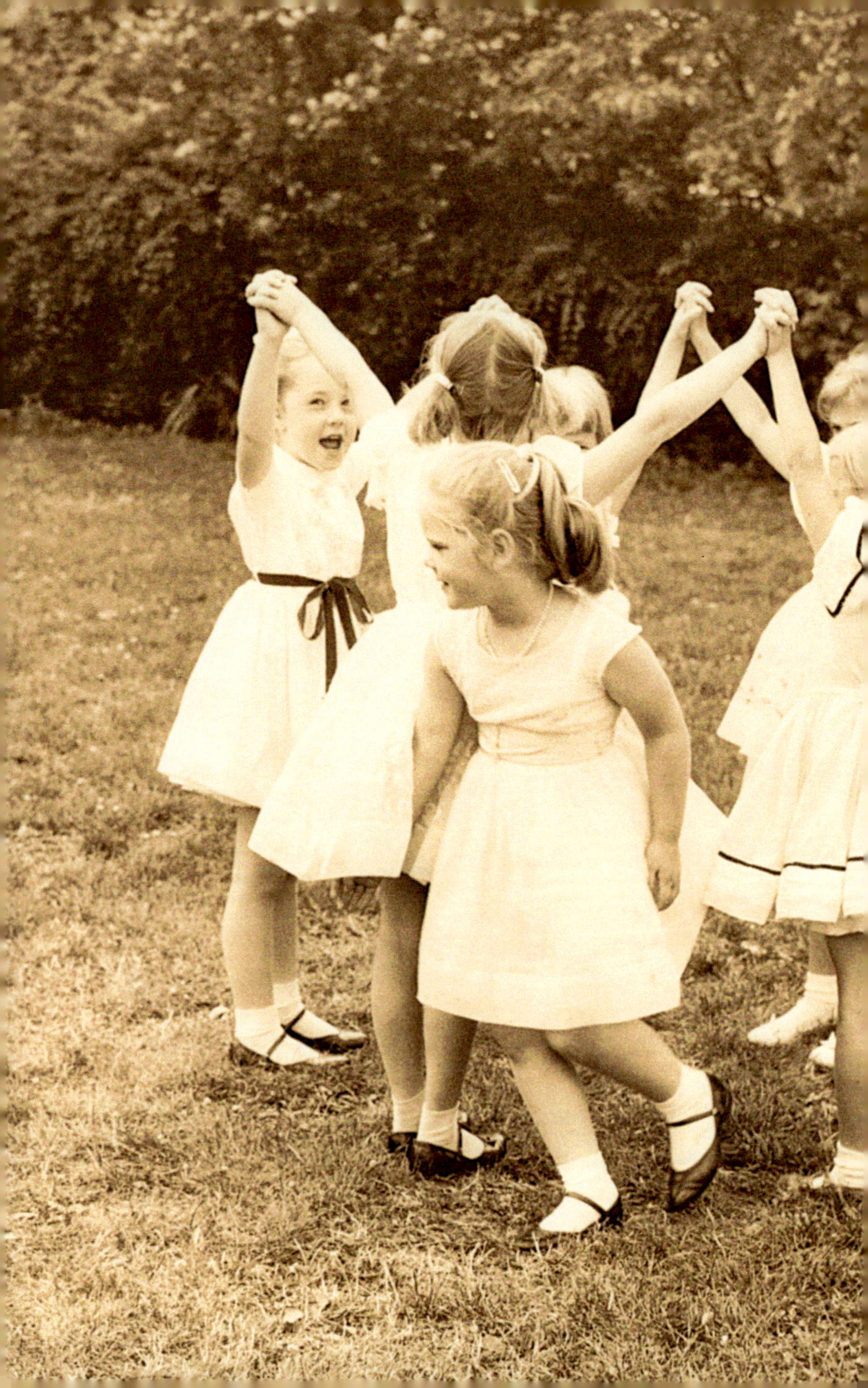

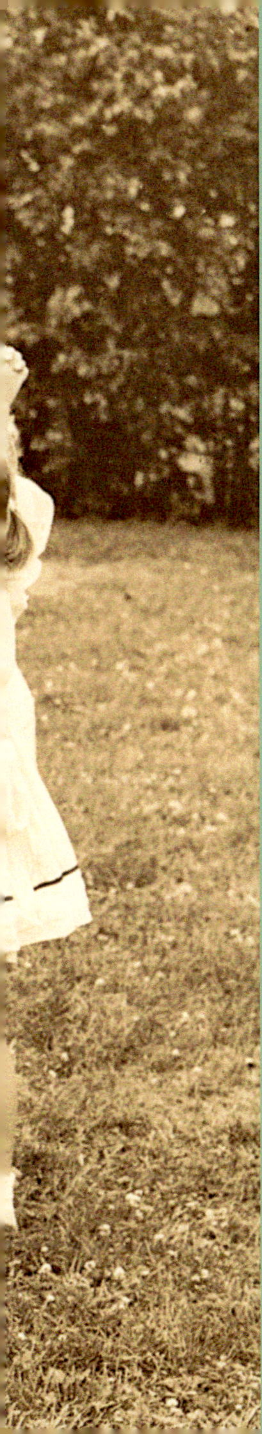

Spiele für jeden Tag

Lauf- und Fangspiele

Jedes gesunde Kind hat nach längerem Sitzen in der Schule oder zu Hause das Bedürfnis, sich Bewegung zu verschaffen. Beobachten wir spielende Kinder im Freien, gehen den ruhigeren Spielen fast immer bewegungsreichere voraus. Kinder unserer Tage haben in den modernen Wohngebieten freilich oft nicht mehr die Möglichkeit, sich gefahrlos auszutoben. Sie verschaffen sich Bewegung durch Radfahren oder Fußballspielen.

Doch dort, wo es möglich ist, auf Kinderspielplätzen, auf Spielwiesen, auf Ausflügen in ländliche Gebiete, können Erwachsene die Kinder zu diesen alten Bewegungsspielen anleiten. Sie geben dem Spielablauf einen anderen Inhalt und nebenbei wird erreicht, dass das alte Spielgut nicht vergessen wird.

Der Plumpsack geht um

Der „Plumpsack“ wird aus einem großen Taschentuch oder Kopftuch gefertigt. Dieses wird zusammengerollt, und in der Mitte der Rolle wird ein Knoten gebunden. An beiden Enden hält man ihn fest. Ursprünglich soll dieser Plumpsack ein an einer Schnur befestigter Ball gewesen sein. Überlieferungen nach ist das Spielen mit dem Plumpsack sehr alt.

Die Kinder (mindestens acht) stehen im Kreis und legen die Hände auf den Rücken. Sie dürfen sich nicht umsehen. Mit dem Plumpsack in der Hand geht einer um den Kreis herum und spricht:

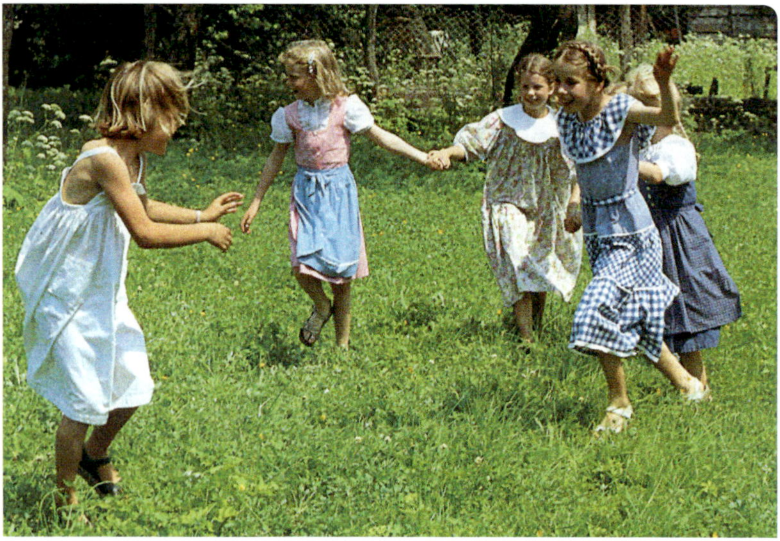

Bei Lauf- und Fangspielen können sich die Kinder austoben.

„Dreht euch nicht um, der Plumpsack geht um, er geht um den Kreis, dass niemand was weiß. Und wer ihn will haben, muss Schläge ertragen."

Unauffällig lässt er den Plumpsack hinter einem Mitspieler fallen und geht weiter um den Kreis. Der Mitspieler, der den Plumpsack hinter sich entdeckt, hebt diesen auf und läuft dem anderen nach, um ihm damit einen Schlag auf den Rücken zu geben, ehe dieser seine Runde beendet und in die Lücke des Kreises tritt. Gelingt ihm das nicht, muss der, der den Plumpsack hinter sich gefunden hat, damit den Kreis umschreiten.

Wird der Plumpsack nach einer Kreisrunde von dem Betroffenen nicht entdeckt, muss sich dieser in die Kreismitte stellen; er wird dann als „das faule Ei" verspottet.

Der Kaiser schickt Soldaten aus
Es geht hier ein bisschen derb zu, deshalb haben früher die Buben dieses kämpferische Spiel am liebsten ohne die Mädchen gespielt.

Zwei gleich starke Gruppen von sechs bis zehn Kindern stellen sich jeweils in einer Reihe 8 bis 10 Metern voneinander entfernt auf. In jeder Gruppe wird ein Kaiser gewählt. Die Buben jeder Reihe fassen sich fest an den Händen. Einer der Kaiser beginnt mit dem Spiel und ruft:

„Der Kaiser schickt seine Soldaten aus, er schickt den ... hinaus."

Dabei nennt er den Namen eines Spielers aus seiner Reihe. Dieser muss nun versuchen, im Laufen mit Schwung die gegenüberstehende Soldatenreihe zu durchbrechen. Wenn ihm das gelingt, darf er dort, wo er die Linie durchbrochen hat, den rechten oder linken „Mann" in die eigene Reihe mitnehmen. Kann er die Kette nicht zerreißen, ist er der eigenen Mannschaft verloren; er muss sich in die feindliche Reihe eingliedern. Mit dem Ausspruch:

„Der Kaiser schickt sich selbst hinaus"

kann dieser selbst loslaufen. Er hat jedoch zwei Leben, das heißt, er ist erst beim zweiten gescheiterten Versuch, die feindliche Kette zu durchbrechen, verloren. Dann muss er für sich einen Ersatz bestimmen. Das Spiel geht so lange weiter, bis von einer Gruppe kein Spieler mehr übrig bleibt.

Kind verkaufen
Mädchen stellen sich paarweise (fünf oder mehr Paare) hintereinander im Kreis auf. Das zur Kreismitte stehende Mädchen ist die „Mutter", das hinter ihr stehende das „Kind". Eine Spielerin bleibt übrig. Sie beginnt mit dem Spiel, indem sie zu einer „Mutter" geht und fragt:

„Frau, verkaufen Sie Ihr liebes Kind nicht?"

Die Mutter antwortet:

„Nein, um hunderttausend Taler nicht.
Lieber will ich betteln laufen
als mein liebes Kind verkaufen.
Betteln laufen mag ich nicht,
und mein Kind verkauf' ich nicht."

Jetzt rennen beide um die Wette, das Kind zu gewinnen. Sie laufen in entgegengesetzter Richtung um den Kreis. Wer zuerst beim Kind ankommt, darf die Mutter sein. Das zu spät gekommene Mädchen muss nun das Spiel fortsetzen und bei einem anderen Paar anfragen.

Schneider, leih' mir dei' Scher'
Fünf oder mehr Kinder stellen sich auf einer Baumwiese etwa kreisförmig an einzelnen Bäumen oder auch an anderen festgelegten Plätzen auf. Ein Kind, das vorher durch Auszählen bestimmt wurde, geht nun von einem zum anderen und spricht:

„Schneider, leih' mir dei' Scher'!"

Der Angesprochene schickt ihn zu einem andern und sagt:

„Da drüben liegt sie leer!"

Inzwischen wechseln die übrigen Spieler hinter dem Rücken des Herumgehenden ihre Plätze. Gelingt es dem Bittenden, einen leeren Platz einzunehmen, so tritt der, dessen Stelle er besetzt, als Bittender auf.

Kaiser, wie viel Schritte gibst du mir
Aus einer Schar mitspielender Kinder wird durch Auszählen der „Kaiser" gewählt. Die Kinder stellen sich entlang einer Linie auf. Sie können sich auch an eine Scheunen- oder Hauswand stellen. Der Kaiser steht mindestens zwanzig Schritte von ihnen entfernt. Ein Kind nach dem andern fragt nun:

„Kaiser, wie viel Schritte gibst du mir?"

Darauf antwortet der Kaiser zum Beispiel:

„zwei Riesenschritte",

oder

„drei Katzendäpperle",

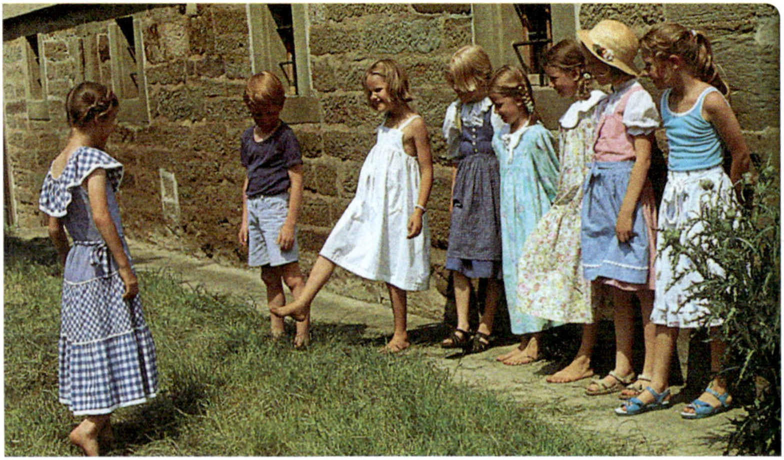

„Kaiser, wie viel Schritte gibst du mir?"

oder

„einen Hüpfer".

Bevor das Kind diese Schritte geht, muss es fragen:

„Darf ich?"

Sagt der Kaiser „Nein", muss das Kind stehen bleiben. Der Kaiser kann auch bestimmen, dass die erlaubten Schritte rückwärts zu gehen sind, denn er möchte möglichst lange Kaiser bleiben. Er lässt also die Mitspieler nur langsam nach vorne kommen. Wer zuerst beim Kaiser eintrifft, tritt an seine Stelle. Dann fängt das Spiel von vorne an.

Fangen

Die Spielregeln des einfachen Fangenspiels sind allgemein bekannt, weil es zu allen Zeiten von Kindern aller Altersgruppen gern gespielt wurde. Es sollen hier einige Abwandlungen davon beschrieben werden.

Vor jedem Spiel wird ein Spieler durch einen Abzählreim als Fänger bestimmt. Möglichst viele Kinder sollten mitspielen.

Hocke-Fange

Ist eines der springenden Kinder in Gefahr, vom Fänger erreicht zu werden, setzt dieses sich in die Hocke und versucht auf diese Weise, dem Fänger möglichst lange zu entkommen. In der Hocke darf es nicht gefangen werden.

Blumen-Fange

Der Verfolgte kann der Gefahr des Gefangenwerdens entgehen, indem er stehen bleibt und einen Blumennamen ruft. Durch Antippen bringt ihn ein Mitspieler wieder zum Weiterlaufen. Man kann sich bei dieser Spielart auch auf Tiernamen, Mädchen- oder Bubennamen einigen.

Stock-Fange

Hier ruft der Spieler, der in Gefahr ist, gefangen zu werden, „Stock". Daraufhin bleibt er stehen und darf so lange nicht abgeschlagen werden, bis ihn ein Mitspieler durch Antippen befreit. Nun kann er wieder mitlaufen und gefangen werden.

Schatten-Fange

Dieses Fangspiel kann nur bei Sonnenschein gespielt werden. Hier muss der

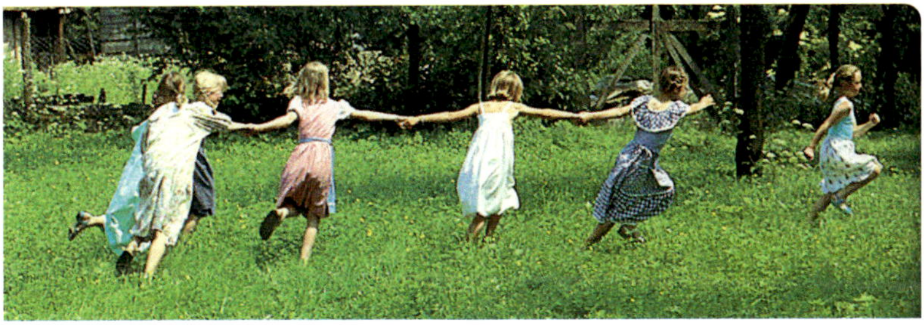

Ketten-Fange – ein Kind ist noch zu erhaschen.

Fänger versuchen, auf den Schatten des laufenden Mitspielers zu treten. Wessen Schatten getroffen ist, scheidet aus.

Ketten-Fange
Der durch einen Abzählreim ausgewählte Spieler fängt an. Hat er einen zweiten gefangen, halten sich die beiden an den Händen fest und laufen gemeinsam, um einen dritten und vierten Mitspieler zu erhaschen. Auch diese hängen sich an die anderen an. Sie bilden eine Kette, wobei jeweils nur die Außenglieder fangen können.

Es wird so lange weitergespielt, bis alle Kinder an der Kette hängen. Reißt die Kette, kann nicht gefangen werden.

Versteckspiele

Zum Versteckspielen eignen sich die landauf, landab neu angelegten Spielplätze kaum. In den Straßen und Gassen unserer Dörfer und Städte können die Kinder heute nicht mehr frei und gefahrlos herumspringen, und unübersichtliches Gelände mit allerlei Gerümpel, Buschwerk und alten Schuppen ist meist säuberlich beseitigt. Deshalb wird selbst das einfache Versteckspiel kaum mehr gespielt. Am schönsten ist dieses Spiel eben dort, wo es viele Versteckmöglichkeiten gibt. Unsere alten Dörfer boten sich mit ihren verborgenen Winkeln und Ecken, mit den Holz- und Steinhaufen, Hecken und Zäunen geradezu zum Verstecken an. Die Kinder hatten den Ehrgeiz, an ihrem Versteckplatz möglichst lange unentdeckt zu bleiben, und so fanden sie in ihrem Einfallsreichtum oft die originellsten Verstecke.

Dieses Spiel wurde gern von Buben und Mädchen gemeinsam gespielt. Weil die Mädchen wussten, dass die Buben ihnen beim Laufen überlegen waren, haben sie sich sehr bemüht, diese im Versteck aufzustöbern und „anzuschlagen“. Für einen Buben war es eine Blamage, von einem Mädchen angeschlagen zu werden.

Verstecken mit Anschlagen
Durch Auszählen wird ein Kind zum Suchen bestimmt. Eine Stelle an einer Wand oder an einem Baum wird als Mal oder Bot zum Anschlagen bezeichnet. Das suchende Kind stellt sich mit dem Gesicht zum Mal, verdeckt seine Augen und beginnt laut bis zu einer vereinbarten Zahl zu zählen: zum Beispiel bis 50 oder bis 100.

„1, 2, 3, 4, 5, 6, 7, 8, 9 ...“

Dann ruft es:

„Wer links, wer rechts, wer
hinter mir steht, muss sein.
Ich komme!“

Auch der folgende Spruch kann am Ende des Zählens gerufen werden:

„1-2-3-4, Eckstein,
alles muss versteckt sein!
Hinter mir und vor mir
da gilt es nicht.
Ich komme!“

Währenddessen laufen die Mitspieler zu einem Versteck. Sie müssen versteckt sein, wenn der Suchende: „ich komme!“ ruft. Hat das suchende Kind ein verstecktes entdeckt, läuft es mit diesem um die Wette zum Mal und schlägt an, indem es ruft:

„1, 2, 3 für …“

(hier wird der Name des gefundenen Kindes gerufen). Wenn der Suchende das Mal verlassen hat, dürfen die versteckten Kinder sich selbst anschlagen. Dabei rufen sie:

„1, 2, 3 für mich!“

Der zuerst vom Sucher Angeschlagene muss beim nächsten Spiel auf die Suche gehen. Haben sich alle Spieler selbst angeschlagen, muss der alte Sucher erneut sein Glück versuchen.

Miau
Der richtige Spielplatz für dieses Spiel ist ein mit dichtem Unterholz bewachsenes Wäldchen. Ein Spieler muss die „Katze“ sein, die sich im Gebüsch versteckt. Die übrigen Spieler suchen die Katze. Dabei fragen sie: „Katze, wo bist du?“. Diese antwortet „Miau“ und eilt dabei, von den anderen unbemerkt, in ein neues Versteck. Allerdings darf sie die vor Beginn des Spiels festgesetzte Spielgrenze nicht überschreiten.

Heiß und kalt
Bei diesem Versteckspiel wird ein Gegenstand gesucht. Es ist deshalb auch gut in der Stube zu spielen. Durch Auszählen wird das Kind bestimmt, das suchen muss. Je nachdem, in welcher Entfernung der Sucher sich dem versteckten Gegenstand nähert, rufen die übrigen Kinder „heiß“ oder „kalt“ (heiß ist nahe, kalt ist entfernt). Sie sind ihm auf diese Weise behilflich, den Versteckplatz zu finden.

Fuchs suchen
Für dieses Spiel ist ein weitläufiges Gelände nötig. Mit einem Auszählreim bestimmen die Kinder aus ihrer Gruppe den „Fuchs“. Der „Fuchs“ versteckt sich, während die anderen Kinder die Augen verdecken. Den Weg zu seinem Versteck markiert der „Fuchs“ in nicht zu engen Abständen mit Papierfetzchen.

Nach etwa fünf Minuten (die Zeit wird zuvor ausgemacht) machen sich die übrigen Spieler auf die Suche. Der erste, der den „Fuchs“ findet, darf in der nächsten Runde den „Fuchs“ spielen.

Räuber und Gendarm
Dieses Spiel wurde meist ohne Mädchen gespielt. Es haben sich auch gerne größere Buben daran beteiligt, die es am Abend bei beginnender Dämmerung besonders interessant fanden.

Vor Beginn des Spiels wird die Begrenzung des Spielbereichs abgesprochen und eventuell markiert. Auch der Sammelplatz wird festgelegt.

Die Spielgruppe teilt sich auf in „Räuber“ und „Gendarmen“. Dies kann durch Hölzchenziehen oder Münzenhochwerfen geschehen.

Die Räuber werden weggeschickt. Sie erhalten einen zeitlichen Vorsprung zum Verstecken. Nun dürfen die Gendarmen losgehen, um die Räuber zu suchen und zu fangen. Mit drei Schlägen auf den Rücken ist ein Räuber gefangen. Er muss zum Sammelplatz zurückkehren. Sind alle Räuber gefunden und gefangen, werden die Rollen getauscht.

Blindekuhspiele

Das Blindekuhspiel, in manchen Gegenden auch „Blinde Maus“, „Blinder Bock“, „Blinde Henne“ oder „Blinde Katze“ genannt, ist sehr alt. Forscher meinen, dass es mit einem heidnischen Brauch aus indogermanischer Zeit in Verbindung zu bringen ist: Eine Maske ohne Augen stellt den Dämon dar, der versucht, die Menschen zu fangen.

Der Spielplatz sollte möglichst hindernisfrei sein. Eine Wiese oder ein freier Hofraum sind dafür ideal. Wenigstens acht Kinder sollten sich beteiligen.

Topf schlagen

Einem Spieler werden die Augen verbunden. Er bekommt einen Stock in die Hand. Ein alter Blechtopf oder Eimer wird umgekehrt auf den Boden gestellt. Ein anderer Spieler klopft auf diesen Topf und weist so dem Spieler mit den verbundenen Augen die richtige Richtung. Der „blinde“ Spieler muss nun mit dem Stock diesen Topf finden und ihn durch Aufschlagen treffen. Wenn er den Topf getroffen hat, kommt ein anderer Spieler an die Reihe.

Bei Kinderfesten oder Geburtstagsfeiern legt man den Kindern ein kleines Geschenk unter den Topf.

Dieses Spiel war ursprünglich eine Kirmesunterhaltung der Erwachsenen und wurde auf recht rohe Art ausgeführt. Unter einem irdenen Topf befand sich ein lebender Hahn. Wer mit verbundenen Augen den Topf zerschlagen konnte, hatte gewonnen und bekam den Hahn.

Der verlorene Ring

Eine Spielgruppe findet sich auf einer Wiese zusammen und schließt sich zum Kreis. Ein Kind tritt in den Kreis, ihm werden die Augen verbunden. Die anderen Kinder gehen im Kreis und singen das unten stehende Lied.

Der im Kreis stehende Spieler beginnt den „Ring“ (einen Stein oder einen anderen Gegenstand), der zuvor in den Kreis gelegt wurde, zu suchen. Der Gegenstand muss gefunden sein, wenn das Lied dreimal gesungen ist.

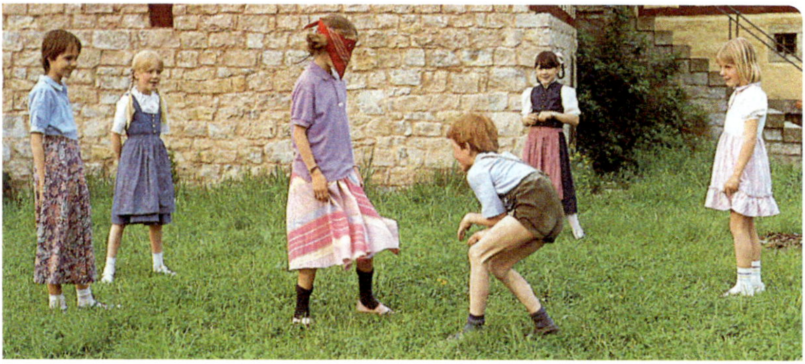

Die Blindekuh wird von allen Seiten geneckt.

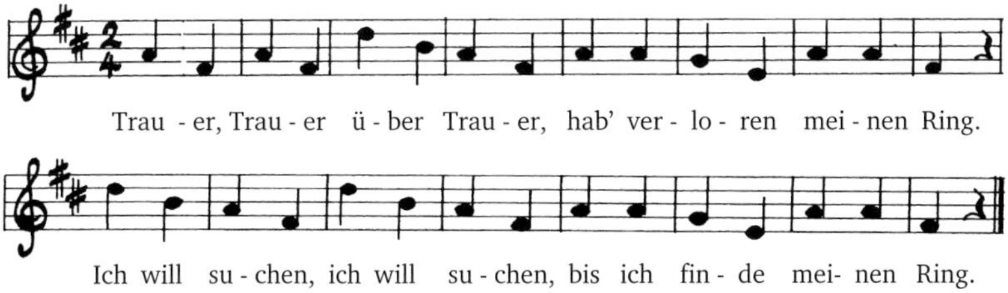

Ist dies nicht der Fall, stehen die Sänger still, und der Sucher wird von dem Spieler abgelöst, den er anfasst.

Blindekuh

Es wird ausgezählt, wer Blindekuh sein soll. Mit einem Tuch werden ihr die Augen verbunden, sie wird im Kreis herumgeführt, damit sie die Orientierung verliert.

Nun muss sie versuchen, ein anderes Kind zu erhaschen. Die Kinder necken dabei die Blindekuh und rufen von allen Seiten:

„Blinde Kuh,
fang mich doch,
dann hast du Ruh!"

Wen sie erwischt, der muss sie ablösen.

Jakob, wo bist du?

Zwei Spielern werden die Augen verbunden. Der eine ist „Jakob", der andere sein „Herr". Die übrigen Spieler bilden einen Kreis und nehmen Jakob und seinen Herrn in die Mitte. Der Herr sucht nun Jakob und ruft: „Jakob, wo bist du?" Dieser antwortet: „Hier!", geht ihm dabei aber wieder aus dem Weg. Beide tappen recht tölpisch umher, um einander zu finden. Die außen stehenden Kinder haben ihre Freude an so viel Ungeschick. Schließlich laufen sich die beiden doch in die Arme. Ein anderes Spielpaar ist nun an der Reihe.

Im Keller ist es finster

Die Kinder stehen im Kreis. In die Kreismitte kommt ein Spieler, dem die

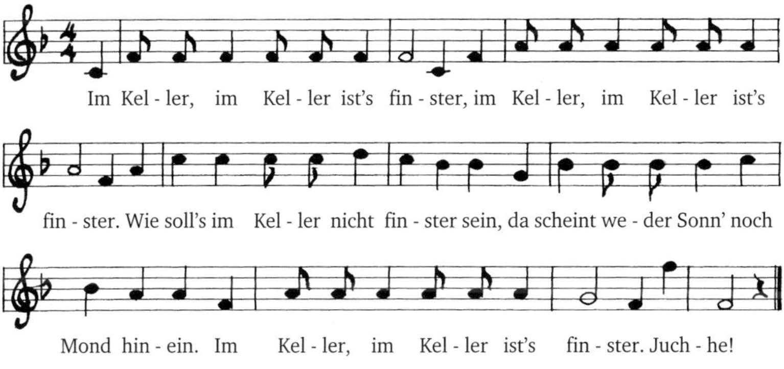

Augen verbunden sind. Er hält einen Stock in der Hand. Die Kinder gehen im Kreis und singen das unten stehende Lied. Dann stehen die Kinder still und fragen:

„Wer soll's sein?"

Der Spieler mit den verbundenen Augen versucht nun, ein Kind aus dem Kreis mit dem Stock zu berühren. Der Berührte gibt einen Laut von sich, an dem der andere ihn erkennen muss, um von diesem abgelöst zu werden.

Geschicklichkeitsspiele

Spiele dieser Art erfordern geschickten Umgang mit dem Spielgerät, Körperbeherrschung und Reaktionsschnelligkeit. So muss sich zum Beispiel beim Seilspringen das Kind darauf konzentrieren, dass es im richtigen Moment in das schwingende Seil springt, und dass es dann auch, wie bei „Teddybär, Teddybär, dreh dich um", die passenden Figuren ausführt. Beim Murmelspiel, ebenso beim Spiel mit den Pflöcken, kommt es unter anderem auf die Geschicklichkeit des Zielens an.

Das Reifentreiben wiederum erfordert reaktionsschnelles Handeln, um diesen rollend an das gewünschte Ziel zu bringen.

Alle diese Spiele verlangen Übung, sie werden von den Kindern dann aber mit Begeisterung und Hingabe gespielt.

Seilspringen

Fertige Sprungseile mit gedrechselten Griffen und verstärkter Mitte gab es auch früher schon zu kaufen. Die Kinder auf dem Land mussten sich jedoch meist mit einem Kälber- oder Garbenstrick begnügen.

Springen mit dem kurzen Seil

Mit einem kurzen Seil spielt ein Kind für sich allein. Es schwingt das Seil über den Kopf nach vorne und hüpft in gleichmäßigem Rhythmus darüber in den verschiedenen Schritten:

- Mit geschlossenen Beinen auf der Stelle.
- Auf einem Bein, links und rechts im Wechsel.
- Mit „Zwischenhupf".
- Im Laufschritt vorwärts.

Geschickte Kinder können die verschiedenen Hüpfer auch mit gekreuzten Armen oder mit dem rückwärts geschwungenen Seil ausführen.

Seilspringen mit dem großen Schwungseil

Hier spielen mehrere Kinder zusammen. Von zwei Spielern wird ein 3 bis 4 Meter langes Seil an den beiden Enden gefasst und in weitem Bogen in Schwung gebracht.

Auch das Hüpfen mit dem großen Schwungseil bietet mehrere Möglichkeiten:

Die Kinder können nacheinander springen. Während das Seil nach oben schwingt, wird eingelaufen, mehrere Seilschwünge lang gesprungen, und dann nach der anderen Seite weggelaufen.

Dies kann man auch zu zweit an den Händen gefasst tun. Oder die außen stehenden Kinder zählen die Seilschwünge und stellen so fest, wer am längsten fehlerfrei springen kann. Wer das Seil berührt, scheidet aus.

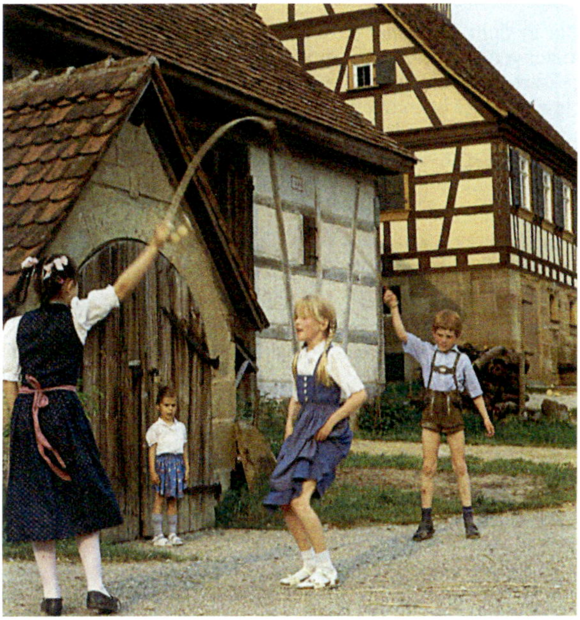

Mit dem großen Sprungseil sind immer mehrere Kinder beschäftigt.

Eine hübsche Spielart ist auch die, zu der nachstehender Text gesprochen wird:

Teddybär, Teddybär, dreh dich um,
Teddybär, Teddybär, mach dich krumm,
Teddybär, Teddybär, zeig dein' Fuß,
Teddybär, Teddybär, wie alt bist Du?
1, 2, 3, 4, ...

Die in dem Text angesprochenen Bewegungen werden beim Springen ausgeführt. Danach wird so lange gezählt, bis ein Fehler gemacht wird.

Auch bei folgendem Vers kommt es darauf an, wer es hüpfend am längsten aushält:

Salat, Salat,
ich esse gern Salat!
Im Januar, im Februar, im März ...

Oder es wird nach diesem Vers gehüpft, der von den Außenstehenden (A) im Wechsel mit dem hüpfenden Kind (H) zu sprechen ist:

A: Grüß Gott, grüß Gott, was kriegen Sie?
H: *(springt hinein)*
Zucker und Kaffee.
A: Da haben Sie's, da haben Sie's!
H: Ade, ade, ade *(springt hinaus)*.
A: Ach halten s' doch,
ach halten s' doch,
Sie kriegen noch was raus.
H: *(springt hinein)* Ich kann ja nicht,
ich kann ja nicht,
mein Mann, der hat ein' Rausch!
(springt hinaus)

Die stark rhythmischen Reime üben zusammen mit dem gleichmäßigen Hüpfen einen großen Reiz auf die Kinder aus.

Paradieshüpfen

In vorchristlicher Zeit pflegten Erwachsene das Paradieshüpfen als kultische Übung. Erst als heidnisches Brauchtum abgelegt wurde, ist ein Kinderspiel daraus geworden.

Andere Bezeichnungen sind: „Himmel und Hölle", „Tempelhüpfen", „Hinkeln", „Platthüpfen", „Steinchen werfen".

Im 18. und 19. Jahrhundert vergnügten sich die Kinder mit diesem uralten Hüpfspiel besonders gerne, und noch vor dreißig Jahren waren an allen möglichen Plätzen hüpfende Kinder auf ihren aufgezeichneten Feldern anzutreffen.

Unterschiedlich und vielfältig sind die Spielarten, auch das Spielfeld kann nach verschiedenen Mustern gestaltet werden.

Das Feld ist mit Kreide oder einem Tonscherben auf den geteerten oder gepflasterten Boden aufzumalen. Es kann aber auch mit einem Stock in Sand (am Strand) oder in die Erde geritzt werden.

Spielweise

Jeder Spieler sucht sich einen flachen Stein oder Scherben. Durch Abzählen

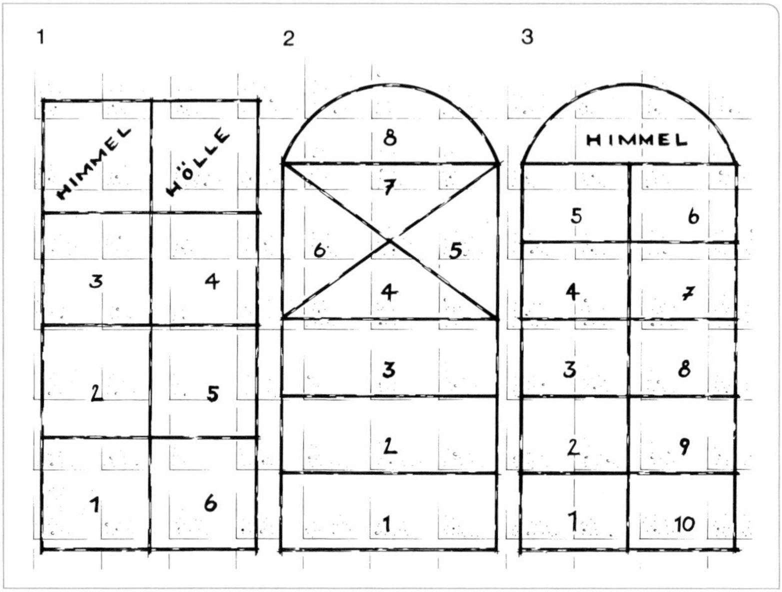

Drei verschiedene Spielfelder zum Paradieshüpfen, etwa 2 m lang und 1 m breit.

oder Losen wird festgelegt, wer anfangen darf. Der Spieler wirft sein Steinchen in Feld 1. Hüpfend befördert er das Steinchen mit der Fußspitze weiter in Feld 2, 3 und so fort, bis er zum Himmel oder bei Figur 2, in Feld 8 kommt. Dort darf er sich ausruhen, das heißt mit beiden Beinen kurz rasten. Die Hölle wird nicht berührt, also übersprungen (bei Figur 2 und 3 ist Feld 7 die Hölle). Das Kreuz (zu Figur 2 die Felder 5 und 6) muss überspannt werden, das heißt ein Bein steht in Feld 6, das andere in Feld 5, dabei ist das Steinchen in das nächsthöhere Feld zu stoßen. Vom Paradies (Himmel, Feld 8) wird auf dieselbe Weise bis zum Ausgangspunkt zurückgehüpft. Wer einen Fehler macht, wird von einem anderen Spieler abgelöst.

Fehler sind: Wenn mit dem Stein oder dem Fuß eine Linie berührt wird, wenn der Stein ins falsche Feld gestoßen bzw. über die Figur hinausgeworfen wird, wenn ein Spieler die Hölle betritt.

Eine andere Spielart

Der erste Spieler wirft seinen Stein auf Feld 1. Dieses Feld wird auf einem Bein hüpfend übersprungen, das heißt der Spieler gelangt gleich in Feld 2, von wo aus er alle weiteren Felder durchhüpft; im Paradies kann er sich kurz ausruhen. Auf dem Rückweg nimmt er den in Feld 1 liegenden Stein, immer noch auf einem Bein hüpfend, auf. Von de Ausgangsstelle wird nun der Stein in Feld 2 geworfen, beim Hüpfen dieses Feld übersprungen und das Spielfeld wie vorher durchhüpft. Das geht über alle Felder so weiter, immer das Feld, in dem der Stein liegt, wird übersprungen. Natürlich ist auch hier die Hölle zu meiden. Bei einem Fehler kommt der Nächste an die Reihe.

Vielfach wird auch so gespielt, dass das Steinchen oder der Scherben auf der Fußspitze, der Schulter, dem Kopf oder einem Finger hüpfend durch alle Felder getragen werden muss.

Es gibt also eine ganze Reihe Spielmöglichkeiten; auch für das Spielfeld gibt es noch viele andere Formen. Die Regeln dazu werden von den Kindern selbst aufgestellt und auch immer wieder abgewandelt.

Kegelspiele

Die ersten schriftlichen Hinweise auf das Kegelspiel stammen aus dem 13. Jahrhundert. Die Erwachsenen kegelten um Geld, da sie jedoch, wie bei allen Glücksspielen, nicht Maß halten konnten, wurde schon 1335 ein Kegelgesetz erlassen.

Einfachere Spiele haben auch die Kinder ausgeführt, und zwar meistens im Freien. An Regentagen oder im Winter durfte schon mal im Hausflur gekegelt werden. Zwei Spielmöglichkeiten für Kinder sind das Parteienkegeln und das Ballkegeln.

Parteienkegeln

Für das Parteienkegeln werden neun Kegel in einem Quadrat über Eck aufgestellt. Der König steht ausnahmsweise vorne. Die Spieler bilden zwei Parteien. Mit einem Auszählvers wird ermittelt, wer beginnt. Jeder Spieler hat drei Würfe. Ein Wurf hat nur dann Gültigkeit, wenn der König fällt. Gewonnen hat die Partei, die am meisten Kegel umgeworfen hat. Es kann auch

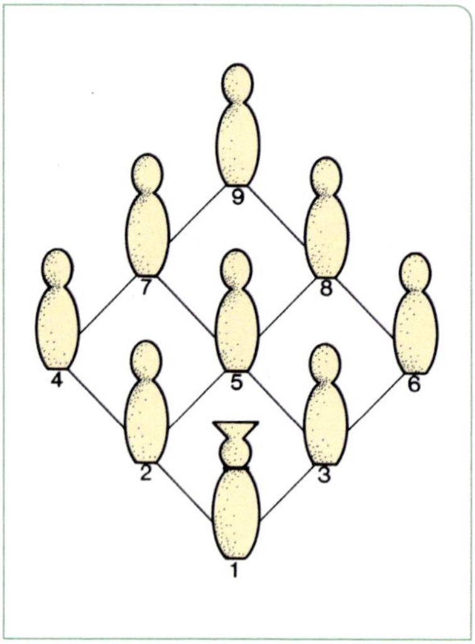

Aufstellung der Kegel für Parteien- oder Ballkegeln: der König steht vorne.

vor Beginn des Spieles ausgemacht werden, wie viele Kegel fallen müssen. Sieger ist dann die Partei, die am schnellsten die bestimmte Zahl Kegel umgeworfen hat.

Ballkegeln
Zum Ballkegeln sind die Kegel nach dem gleichen Schema wie oben, jedoch im Abstand von einem Meter vor einer Wand aufzustellen. Statt mit der Kugel wird nun mit einem Ball gespielt. Der Ball ist so an die Wand zu rollen, dass beim Rückprall die Kegel getroffen werden. Jeder umgefallene Kegel zählt einen Punkt, der König fünf Punkte. Erst wenn alle Kegel gefallen sind, wird wieder aufgestellt und das Spiel kann von Neuem beginnen. Wer am meisten Kegel umgelegt hat, ist Sieger.

Stöckles- oder Pflockspiel
Mit Leidenschaft betrieben Buben dieses Spiel, weil sie dabei ihre Geschicklichkeit im Treffen und auch ihre Kraft zeigen konnten. Als Spielplatz eignet sich am besten eine Wiese. Daher war es auch ein beliebter Zeitvertreib beim Viehhüten. Zunächst schnitzten die Buben ihre 40 bis 50 cm langen Stöcke oder Pflöcke (manche nannten sie auch Spachteln) spitz zu. Sie hatten dabei den Ehrgeiz, besonders gut geeignete Stöcke zu finden und diese auch schön zu verzieren.

Zwei Buben spielen zusammen. Der erste Spieler schleudert seinen Pflock so in den Boden, dass er stecken bleibt. Der zweite Spieler wirft seinen Pflock so, dass er den des anderen trifft und aus dem Boden hebt, sein eigener muss jedoch stecken bleiben.

So entwickelt sich im Wechsel ein Kampf um die Pflöcke. Es geht darum, möglichst zielsicher zu treffen und den Pflock des anderen mit einem Schlag umzuwerfen.

Murmelspiele
Zu allen Zeiten haben Kinder gerne mit Murmeln gespielt. Es gibt noch viele andere Namen für die bunt schillernden kleinen Kugeln aus Glas oder Ton. Sie heißen auch Klicker, Picker, Schneller, Marbel oder Schusser.

Mit den ersten warmen Sonnenstrahlen holten die Kinder im Frühling ihre Murmel-Säckchen hervor, um sich mit Hingabe diesem ersten Spiel im Freien zu widmen. Buben und Mädchen konnten sich gleichermaßen dafür begeistern. Immer wieder wurden sie von den ineinander fließenden, zarten Farben der Kugeln fasziniert und dadurch zum Spiel angeregt, das sie meist mit Ausdauer betrieben. Sie hatten ja auch die Chance, im Spiel zu gewinnen und konnten so ihren Schatz dieser bunten Vielfalt vergrößern. Auch das machte den Reiz des Spieles aus.

Von den vielen Möglichkeiten, mit Murmeln zu spielen, wurden die nachstehenden ausgesucht.

Zielmurmel

Dabei muss auf die Murmel eines Mitspielers gezielt werden. Dieser setzt 1 bis 2 Meter von der Wurflinie entfernt eine Murmel. Mit gerollten Murmeln versuchen die anderen Spieler, von der Wurflinie aus die gesetzte Murmel zu treffen. Wer sie trifft, darf diese Murmel wegnehmen. Trifft keiner die Murmel, darf der, dem sie gehört, von allen anderen Mitspielern eine Strafmurmel abnehmen.

Schusserspiel

Auf ebenem, nicht befestigtem Boden wird eine günstige Stelle gesucht, die sich als Schusserbahn eignet. An deren Ende wird eine kleine, flache Mulde gegraben. Von der festgelegten Startlinie aus versuchen die Kinder nacheinander, ihre Kugel in die Mulde zu rollen oder zu werfen. Wenn die Murmel nicht beim ersten Anstoß in die Mulde rollt, bleibt sie auf der Bahn liegen und der nächste Spieler ist an der Reihe. In der nächsten Spielrunde wird die Murmel mit dem Zeigefinger weiter auf die Mulde zugeschubst. Wer seine Kugel zuerst in der Mulde hat, ist Sieger.

Murmelwerfen

Auf den Boden wird ein Quadrat geritzt, das etwa 50 mal 50 Zentimeter groß ist. In die Mitte des Quadrats sowie an jede Ecke wird eine kleine Mulde gegraben. Die Spieler legen in jede Außenmulde eine Kugel, im Schwäbischen auch „Steinis“ genannt. In die mittlere Mulde legt jeder zwei Murmeln. Die Abwurfstelle ist etwa 2 bis 3 Meter vom Quadrat entfernt. Von der Wurflinie aus darf der Reihe nach jeder mit einer Murmel auf eine der Mulden zielen. Hat ein Spieler mit seiner Kugel in eine Grube getroffen, in der sich schon Murmeln befinden, darf er diese kassieren. Trifft er jedoch in eine leere Grube, muss er seine Murmel darin liegen lassen. Wer am Ende des Spieles die meisten Murmeln erspielt hat, ist Sieger.

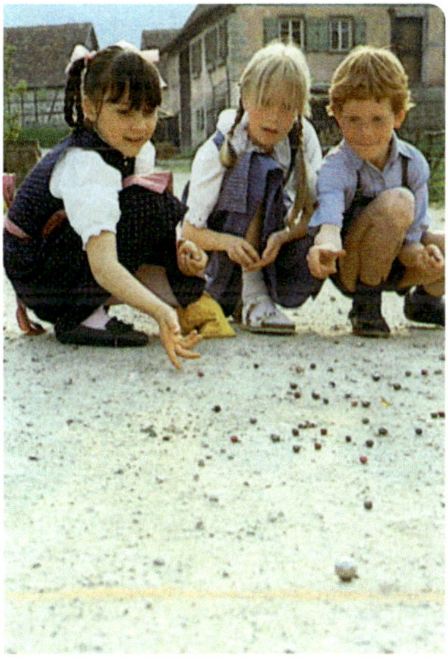

Geschicklichkeit und Glück – beides braucht man beim Murmelspiel.

Das Schlösschen
Ein Kind sitzt mit gespreizten Beinen auf der Erde und ritzt einen kleinen Kreis in den Boden. In diesen legt es 4 Murmeln eng zusammen, die fünfte setzt es obendrauf. Das ist das „Schlösschen“. Die Startlinie ist 2 bis 3 Meter entfernt. Von dort aus rollen die Spielpartner, einer nach dem andern, ihre Kugel auf das „Schlösschen“ zu. wer es trifft, darf alle fünf Murmeln behalten. Wer nicht trifft, muss dem Kind, welches das „Schlösschen“ aufgebaut hat, 5 Kugeln abgeben.

Neunloch
In der Anordnung der Kegel auf Seite 38 sind in den Boden neun gleich große Löcher zu graben. Jedes Kind legt in das mittlere Loch eine Murmel als Einsatz. Der Reihe nach wird vom Standmal aus auf das Feld gezielt. Wer in das mittlere Loch trifft, darf die darin liegenden Kugeln behalten. Wer in eines der anderen Löcher trifft, muss eine Strafkugel in das Mittelloch legen.

Walnussspiel Krone und Kessel
Mit Walnüssen wurde in den Bauernfamilien gerne um die Weihnachtszeit auf dem großen Tisch in der Stube gespielt. Dort werden das „Mäuschen“ (zwei Nüsse), die „Krone“ (vier Nüsse) und der „Kessel“ (sechs Nüsse) in Form von Häufchen aufgebaut. Um diese Nusshäufchen wird gewürfelt. Zwei halbe Walnussschalen dienen als Würfel. Jeder Spieler bekommt 12 Nüsse als Einsatz.

Wenn die geworfenen Schalen mit der Öffnung nach oben liegen bleiben, bekommt der betreffende Spieler die „Krone“. Bleiben die beiden Schalen mit der Rundung nach oben liegen, darf derjenige, der so gewürfelt hat, den „Kessel“ wegnehmen. Liegt eine Schale mit der Rundung nach oben und die andere mit der Rundung nach unten, kann das „Mäuschen“ kassiert werden. Ist ein Häufchen bereits vom Tisch genommen, muss der Nächste, der es erwürfelt, dies aus seinem Bestand aufbauen.

Die Mitspieler können vor Beginn des Spieles bestimmen, wie viele Runden sie zusammen spielen wollen. Wer danach die meisten Nüsse hat, ist Gewinner.

Zublinzeln
Nicht nur als Kinder, sondern auch noch als Erwachsene haben unsere Großeltern dieses Spiel geliebt und immer wieder in ihre Gesellschaftsspiele mit einbezogen.

Im Kreis werden Stühle aufgestellt. Auf diese setzen sich die „Damen“, wobei ein Stuhl unbesetzt bleiben muss. Hinter jedem Stuhl steht ein „Herr“, auch hinter dem unbesetzten. Der Herr versucht durch Zublinzeln eine der Damen auf seinen leeren Stuhl zu bekommen. Diese muss rasch reagieren, um von dem hinter ihr stehenden Herrn loszukommen, denn dieser möchte seine Dame natürlich behalten. Wenn sie wegspringen will, darf er sie an den Schultern festhalten.

Kreiselspiel
Das Spiel mit Kreisel – im Schwäbischen auch „Tänzer“ – und Peitsche ist heute fast vergessen, weil es so viel mechanisches Spielzeug gibt. Außerdem liegen geeignete Plätze, an denen der Autoverkehr nicht stört, nur selten vor

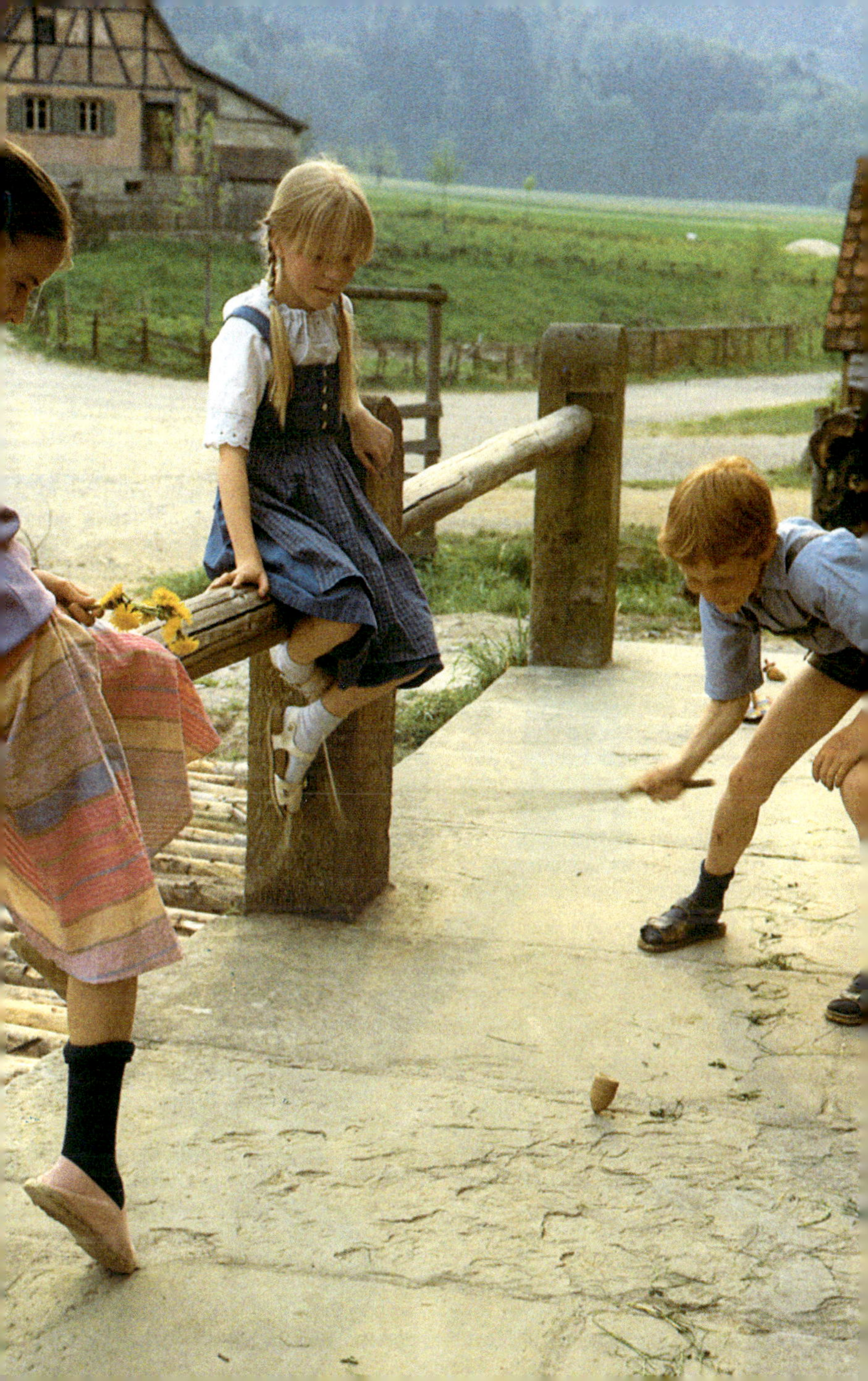

der Haustür. Früher jedoch besaß fast jedes Kind einen Kreisel, mit dem es geschickt umgehen konnte. Wie haben die Kinder ihn in Bewegung gesetzt?

Die Schnur der Peitsche wird im Uhrzeigersinn und von unten nach oben um den Kreisel gewickelt. So wird dieser mit der linken Hand am Boden kurz festgehalten, gleichzeitig wird mit der rechten Hand die Peitsche angezogen. Durch schnelles Ziehen an der Peitsche und gleichzeitiges Loslassen des Kreisels wird er zum Tanzen gebracht. Mit kräftigen Peitschenhieben soll er nun recht lange auf der Spitze tanzen.

Wer besonders geschickt ist, kann den Kreisel mit Daumen und Zeigefinger der linken Hand so andrehen (auch aus der Luft), dass er auf dem Boden gleich zum Tanzen kommt, um dann mit der Peitsche immer wieder neu angetrieben zu werden. Nun kann mit anderen um die Wette gekreiselt werden.

Bockspringen

Zwei oder mehr Kinder spielen zusammen.

Ein Kind stellt sich als Bock auf, indem es den Rumpf vorbeugt, die Hände auf die Oberschenkel stützt, dabei leicht in die Knie geht und den Kopf etwas einzieht. Der Spielkamerad nimmt einen kurzen Anlauf, springt vor dem Hindernis mit beiden Beinen ab und hüpft mit gegrätschten Beinen über den Bock. Mit den Händen stößt er sich auf dessen Rücken ab. Spielen mehrere Kinder mit, stellt sich der Springer ein paar Meter weiter in derselben Richtung als Bock auf. Der nächste Spieler springt über beide Böcke und bleibt auch als Bock stehen. Das geht so weiter, bis alle Spieler als Böcke stehen. Die Reihe wird wieder aufgelöst, indem einer nach dem andern, angefangen beim Letzten, über die Vorderen springt.

Hammelspringen

Es ist eine Abwandlung des Bockspringens. Der Bock stellt sich quer zum Springer. Dieser muss mit stärker gegrätschten Beinen das Hindernis überspringen.

Bockspringen ist auf der ganzen Welt bekannt. Es wurde bereits in Büchern aus dem 16. und 17. Jahrhundert als „Kinder-Lustspiel“ beschrieben und dargestellt.

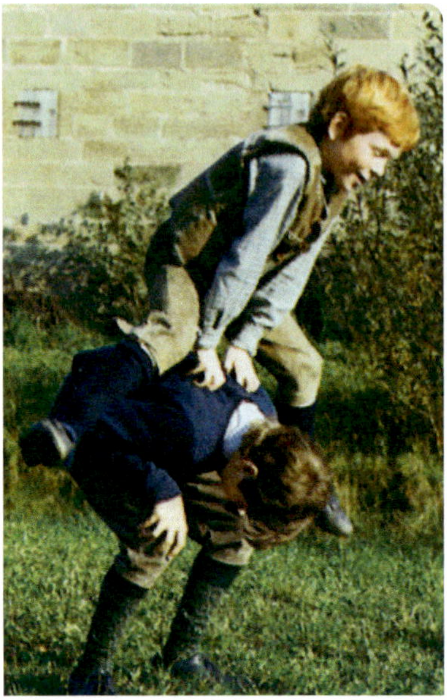

Jeder ist beim Bockspringen einmal oben.

Hans guck um

Der „Hans“, der durch Auszählen gewählt werden kann, stellt sich mit dem Gesicht zur Wand. Die mitspielenden Kinder, es sollten wenigstens fünf sein, stehen in einer Reihe einige Meter hinter ihm. Von Hans unbemerkt, versuchen sie vorwärts zu gehen, um seinen Platz zu erreichen. Will Hans sich umdrehen, muss er rufen: „Hans guck um!“ Lässt sich dabei ein Kind beim Gehen erwischen, muss dieses wieder bis zur Ausgangslinie zurück. Mit diesem Ausruf dreht sich Hans immer wieder um und schickt jedes Kind zurück, das er beim Vorwärtsgehen erwischt. Hans wird von dem Spieler abgelöst, der als erster unbemerkt bei ihm ankommt.

Hans steh' auf

Fünf bis zehn Kinder setzen sich entlang einer Hauswand oder eines Zaunes in einer Reihe auf. Wer beim Auszählen übrig bleibt, muss mit dem Spiel beginnen. Dieser Spieler stellt sich vor die sitzenden Kinder und erteilt seine Befehle. Er deutet auf eines der Kinder und sagt zunächst: „Hans steh' auf!“ Das angesprochene Kind muss fragen: „Darf ich?“ Sagt der Spielführer „ja“, steht das Kind auf und führt jeden weiteren Befehl aus, den sich der Spielführer ausdenkt. Er muss zuvor aber immer „darf ich?“ fragen. So kann der Spielführer zum Beispiel befehlen: „Hüpfe fünf Schritte auf einem Bein“, „gehe drei Mal um mich herum“ und Ähnliches. Die beiden spielen so lange weiter, bis der Spieler einen Fehler macht, vergisst, „darf ich?“ zu sagen oder bis er vergisst, auf das „ja“ des Spielführers zu warten. Dann kommt das nächste Kind an die Reihe.

Ballspiele

Ballspiele sind seit urdenklichen Zeiten bei Kindern und Erwachsenen gleichermaßen beliebt.

Schon in frühester Kindheit lernt man den Umgang mit dem Ball, und mit jeder Altersstufe nimmt die Sicherheit im Werfen und Auffangen zu. Uns allen ist heute eine Vielfalt von Ballspielen bekannt.

Es sollen hier deshalb in erster Linie die Spiele beschrieben werden, die in der Kindheit unserer Großeltern be-

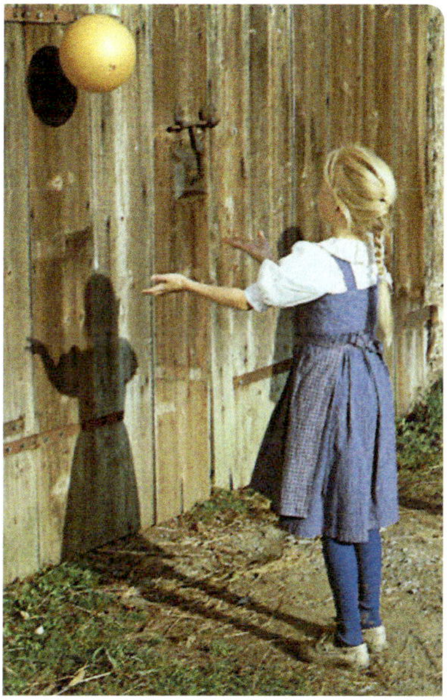

Eine Scheunenwand eignet sich gut zum Ballspielen.

sonders beliebt waren. Zu dieser Zeit mussten die Kinder sich vielfach mit selbst gemachten Bällen aus Stoff begnügen, die sich meist nur zum Werfen und Fangen eigneten. Gummibälle, die so schön springen, waren Geschenke von Paten oder Großeltern, die zu Ostern neben den Eiern im Nestchen lagen. Schon allein deshalb wurden sie besonders gehütet, und der Jammer war groß, wenn so ein Ball verloren oder kaputt ging.

Ich bin ein Student
Wer im Werfen und Auffangen des Balles noch nicht so geübt ist, kann es mit diesem kleinen Spielchen immer wieder versuchen. Ein Kind übt für sich alleine. Es können aber auch mehrere zusammenspielen, dann scheidet der Spieler aus, der den Ball fallen lässt.

Der Ball ist im Rhythmus des Textes in die Luft oder gegen eine Wand zu werfen, während des Fluges sind die entsprechenden Bewegungen auszuführen:

Ich bin ein Student

hochwerfen, auffangen

und wasch' mir die Händ'

Händewaschen nachahmen,

ich trockne sie ab

Händetrocknen nachahmen,

steck' sie in die Tasch

Hände in die Tasche stecken,

ich knie nieder und bete zu Gott

niederknien,

ich stehe wieder auf

aufstehen

und geh' fröhlich nach Haus

einmal um sich selbst drehen.

Ball prellen

„Lieber Ball, sag mir doch, wie viel Jahre lebst du noch?“
(In Hohenlohe: „Baler, Baler, sag mir doch, ...“)

Mit diesem Sprüchlein prellen die Kinder den Ball mit einer oder auch mit beiden Händen auf den Boden, dabei zählen sie und sind bemüht, dies möglichst lange fehlerlos zu schaffen.

Klatschball
In der Mitte eines von den Kindern gebildeten Kreises steht der Spielführer mit dem Ball. Diesen wirft er irgendeinem Kind im Kreis zu, das zuvor in die Hände klatschen muss. Wer das Klatschen vergisst oder den Ball fallen lässt, muss sich niedersetzen. Klatscht ein Kind, ohne dass ihm der Ball zugeworfen wird, weil es sich vom Spielführer hat foppen lassen, so muss es sich ebenfalls setzen. Der Letzte, der noch im Kreis steht, ist Sieger. Er wird der Spielführer in der nächsten Runde.

Verliebt, verlobt
Die Kinder stehen im Kreis und werfen sich reihum den Ball zu. Wer den Ball einmal fallen lässt, ist „verliebt“. Wer ihn zwei Mal fallen lässt, ist „verlobt“. Beim dritten Mal ist er „verheiratet“, und wer ihn zum vierten Mal fallen lässt, hat ein „Kind“. Bis zu 20 „Kindern“ wird gezählt, dann muss der Spieler ausscheiden. Der Letzte bleibt Sieger.

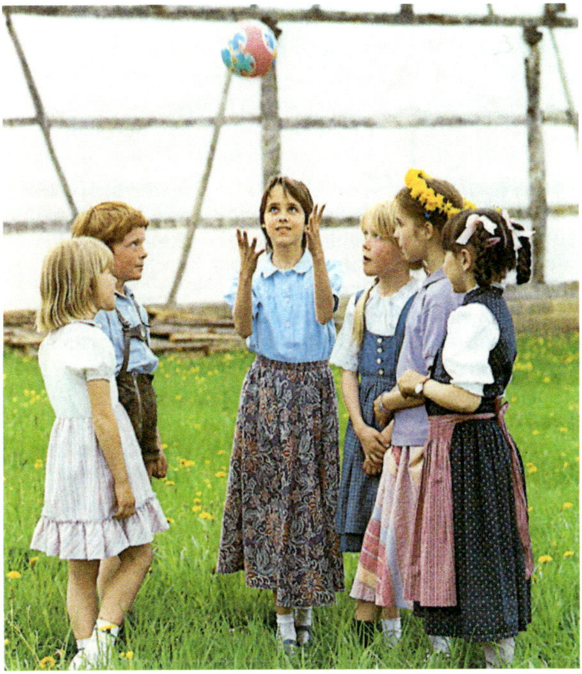

Wenn der Ball nicht fallen soll, muss man sich auf das Auffangen konzentrieren.

Zehnerle

Der Ball, der mittelgroß sein sollte, wird an eine Haus- oder Scheunenwand geworfen. Ein Kind fängt an, die andern schauen zu und sind an der Reihe, wenn das spielende Kind einen Fehler macht.

- 10-mal mit der rechten Handfläche den Ball nach oben an die Wand prellen,
- 9-mal mit der linken Handfläche nach unten prellen,
- 8-mal mit der rechten Faust prellen
- 7-mal mit gefalteten Händen prellen
- 6-mal mit einem Knie prellen
- 5-mal um den Rücken geben
- 4-mal mit aufeinander gelegten, flachen Händen prellen
- 3-mal mit dem Kopf prellen
- 2-mal mit der Brust prellen
- 1-mal mit beiden Händen, sich dabei umdrehen und den Ball rücklings auffangen.

Das „Zehnerle" war ein beliebtes Mädchenspiel. Es galt für sie als Auszeichnung, fehlerlos und ohne den Ball fallen zu lassen, durch das Spiel zu kommen.

Eins – zwei – drei – wer hat den Ball?

Die Kinder stellen sich im Halbkreis auf. Ein Kind stellt sich so davor, dass es den anderen den Rücken zukehrt. Es wirft den Ball über seinen Kopf nach rückwärts, darf sich dabei nicht umdrehen und spricht:

„Eins, zwei, drei, wer hat den Ball?"

Der Ball wird von einem der Kinder aufgefangen. Alle nehmen die Hände auf den Rücken. Während der Spielführer weiterspricht:

„Vier, fünf, sechs, wer hat ihn jetzt?"

wandert der Ball von einem zum andern auf dem Rücken weiter. Mit den Worten:

„Sieben, acht, neun, Du kannst es sein!"

dreht sich der Spielführer um und zeigt auf das Kind, das den Ball haben könnte. Wenn erraten ist, welches Kind den Ball hat, wird dieses in der nächsten Runde Spielführer.

Halli – Hallo
Mehrere Kinder stehen in einer Reihe. Ein Kind, das durch einen Auszählvers zum Anfangen bestimmt wurde, stellt sich mit dem Ball vor die Reihe. Nun wirft es den Ball dem ersten Kind zu mit der Aufgabe, einen Mädchennamen zu erraten, dessen Anfangsbuchstaben beispielsweise ein „Ma" und dessen Endbuchstabe ein „e" ist (Marianne). Wird der Name nicht erraten, muss sich der Spieler niedersetzen und der nächste kommt an die Reihe. Hat einer den Namen erraten, wirft der den Ball an den Spielführer zurück. Dieser läuft mit dem Ball weg, und wirft ihn aus einiger Entfernung. Er muss von dem Kind aufgefangen werden, das den Namen erraten hat und von diesem dann dem Spielführer durch die gefassten, offenen Arme geworfen werden. Ist dies gelungen, darf dieses Kind das Spiel übernehmen und vor die Reihe treten. Hat es nicht in den Armkreis getroffen, muss auch dieses Kind sich niedersetzen.

Baumball
Der Spielplatz ist ein Baumgarten. Die Spielschar zählt aus, wer der „Balltreiber" sein soll. Die anderen Spieler stellen sich jeweils an einen Baum. Nun versucht der Balltreiber, den Ball mit dem Fuß gegen einen besetzten Baum zu treiben, während die an den Bäumen Stehenden versuchen, dies durch Zurückstoßen zu verhindern. Sie dürfen sich dabei nur so weit von ihrem Baumstamm entfernen, dass sie diesen noch mit der Hand berühren können. Wenn der Treiber einen Baum trifft, wird er von dem Spieler, der an dem Baum stand, abgelöst.

Falls ein Treiber nach mehreren Versuchen keinen Baum erreichen kann, hat er dadurch eine Möglichkeit, an einen Baum zu kommen, dass er drei Mal in die Hände klatscht und ruft: „Wechselt den Baum". Nun muss jeder seinen Baum verlassen und einen anderen besetzen. Dabei kann auch der Treiber einen Baum besetzen. Wer keinen freien Baum mehr findet, wird Treiber.

Stehball oder Stand
An diesem, auf einem freien Platz zu spielenden Ballspiel können sich 10 bis 15 Kinder beteiligen. Sie stehen kreisförmig dicht beisammen. Ein Mit-

spieler wird zum Spielführer bestimmt. Er steht in der Mitte und wirft den Ball kraftvoll hoch in die Luft. Sofort rennen die Spieler nach allen Seiten davon. Hat der Spielführer den Ball wieder aufgefangen, ruft er „Stehen“ oder „Stand“ und augenblicklich müssen alle Mitspieler stehen bleiben. Nun versucht der Spielführer, einen der stehenden Spieler zu treffen. Hat er dies geschafft, übernimmt der Getroffene die Spielführung, und die anderen Spieler versuchen, aus dessen Nähe zu kommen, bis dieser „Stehen“ ruft. Es darf niemand durch Bücken oder Bewegen vor dem Getroffenwerden ausweichen. Wurde kein Spieler aus der Runde getroffen, muss von Neuem begonnen werden.

Rollen- und Sprechspiele

Wir denken dabei an Spiele, in denen die Kinder die Rollen der Erwachsenen spielerisch nachvollziehen oder sich in andere Gestalten und Figuren ihrer Umwelt verwandeln.

Sie spielen Vater und Mutter, Verkäufer und Käufer, Katze und Maus, stellen Uhren und Ähnliches dar. Sie ahmen Tätigkeiten nach und spielen Szenen in Verwandlung und Verkleidung.

Ellenmessen
Dieses Rollenspiel übernehmen wir wortwörtlich aus dem Heimatbuch der Gemeinde Kupferzell im Hohenlohekreis. Es wurde Anfang unseres Jahrhunderts als volkstümliche Überlieferung aufgezeichnet.

Zum Ellenmessen gehören Hühner, der Stehler (Dieb), ein Ellenmesser und ein Hahn (Geigl).

Die Hühner stehen in einer Front; ihnen gegenüber der Hahn. Der Ellenmesser misst die Hühner. Der Stehler kommt und sagt zum Ellenmesser:

„Jetzt gehen wir nach Hall und kaufen ein.“

Sie gehen. Unterwegs sagt der Stehler:

„Halt, ich habe mein Taschentuch vergessen. Ich muss noch einmal zurück.“

Der Stehler geht zurück, nimmt einige Hühner und sperrt sie in seinen Stall. Nun schreit der Hahn. Der Ellenmesser geht zurück und misst erneut seine Hühner. Da einige fehlen, erhält der Hahn Schläge, weil er nicht genügend aufgepasst und zu spät gekräht hat. Der Hahn hat gewöhnlich eine Ausrede:

„Ein Bettelmann ist gekommen und hat mir ein Stück Fleisch in den Schnabel gesteckt, darum konnte ich nicht gleich krähen.“
„Ich bin heiser.“
„Ich habe meinen Schnabel in den Schieber gebracht“ (Hühnerklappe).
„Mir ist ein Messer im Hals stecken geblieben“ usw.

Schließlich sind alle Hennen im anderen Stall, und der Hahn flieht auch schreiend in den fremden Stall. Der Ellenmesser ist betrübt, geht zum Stehler und fragt diesen, ob er heute in seinen Stall dürfe. Dieser redet es ihm aus:

„Nein, die Geiß hat gezickelt“
„die Kuh ist krank“

„die Türe ist angefroren“
„ich hab den Schlüssel verloren“
„es ist Sonntag, und morgen bin ich verreist“, usw.

Endlich darf er doch hinein. Er fragt die versammelten Hühner fünf Mal:

„Seid ihr meine Hühner?“
„Nein“,

rufen mit gesteigerter Betonung die Hühner. Beim 6. Mal erfolgt das Ja. Der Dieb flüchtet. Beim Fangen wird er verhauen und zum Schluss „geköpft“.

Uhren verkaufen
Die Spieler sitzen in einer Reihe. Ein Käufer und ein Verkäufer werden ausgezählt. Die sitzenden Kinder stellen die verschiedenen Uhren dar (Armbanduhr, Wecker, Taschenuhr, Kuckucksuhr usw.). Der Käufer betritt den Laden, er möchte zum Beispiel eine Taschenuhr kaufen. Der Verkäufer holt sich diese Uhr heran und zieht sie auf. Dazu macht er kreisförmige Bewegungen auf dem Rücken des entsprechenden Spielers. Die Uhr tickt nun schön gleichmäßig: tick, tack, tick, tack! Jetzt nimmt der Käufer die Uhr mit und zieht sie zu Hause nochmals auf. (Käufer und Uhr treten auf die Seite und machen die entsprechenden Ausführungen). Plötzlich geht die Uhr falsch, sie macht nicht mehr „tick, tack“, sondern sagt irgendein Schimpfwort, das den Käufer in Empörung versetzt. Er will die Uhr nicht mehr haben und bringt sie in den Laden zurück. Dort wird sie kurzerhand zum Abfall geworfen (Spieler wird weggeschubst, er muss sich auf die Seite setzen). Eine neue Uhr wird vom Verkäufer aus der Reihe geholt. Bei der geht es ebenso.

Das Spiel kann fortgesetzt werden, bis alle Uhren verkauft sind oder bis eine Uhr zu Hause „tick, tack“ sagt.

Sprechspiel für zwei Personen

1: „Ich geh’ in den Wald.“
2: „Ich auch.“
1: „Ich nehme eine Axt mit.“
2: „Ich auch.“
1: „Ich haue einen Baum um.“
2: „Ich auch.“
1: „Ich mache einen Sautrog draus.“
2: „Ich auch.“
1: „Es fressen sieben Säue draus.“
2: „Ich nicht.“

Wird aus Unachtsamkeit auch bei dem letzten Satz „Ich auch“ gesagt, ist die Antwort darauf: „Du bist die Achte!“

Wir kommen aus dem Morgenland
In zwei Reihen stehen sich die Spieler gegenüber. Eine Reihe stellt die Handwerker dar, jedes Kind in dieser Reihe denkt sich ein Handwerk aus. Die Handwerker gehen auf die Kinder der anderen Reihe zu, wobei die Handwerker sprechen:

„Wir kommen aus dem Morgenland,
die Sonne hat uns schwarz gebrannt,
wir sehen aus wie Mohren
und haben schwarze Ohren.“

Darauf entgegnen die anderen Spieler:

„Zeigt Euer Handwerk!“

Jetzt muss jeder die Tätigkeit seines Handwerks nachahmen. An den Bewegungen müssen die Gegenüberstehenden erraten, welches Handwerk die Einzelnen ausüben. Wer ein Handwerk erraten hat, wechselt in die Handwerkerreihe. Wenn alle Ratenden übergewechselt sind, beginnt das Spiel von vorne.

Lirum – Larum – Löffelstiel
Die Spieler sitzen in der Runde. Der Vorspieler hält einen Koch- oder Esslöffel in die Höhe. Damit macht er kunstvolle Bewegungen und spricht:

„Lirum, larum, Löffelstiel,
wer das nicht kann,
der kann nicht viel!"

Jetzt reicht er den Löffel an seinen Nachbarn weiter, der nun dasselbe machen soll. Der Nachbar hat aber sicher nicht bemerkt, dass der Spielleiter den Löffel beim Weitergeben von der rechten in die linke Hand genommen hat oder dass er den Löffel mit dem Stiel nach oben oder mit nur zwei Fingern gehalten hat, und Ähnliches. Er strengt sich an, um ganz genau die Bewegungen nachzuahmen, die ihm vorgemacht wurden und spricht dazu dieselben Worte. Alle verfolgen diese Bewegungen und wundern sich sehr, wenn der Spielleiter sagt, dass es falsch war. Es dauert eine ganze Weile, bis alle gemerkt haben, dass es nicht auf das Nachvollziehen der Bewegungen, sondern auf die Art und Weise ankommt, wie der Löffel übergeben wurde.

Der Mausemann
Ein „Mausemann" stellt sich in die Mitte eines Kreises. Die Kinder fassen sich an den Händen, gehen im Kreis und singen:

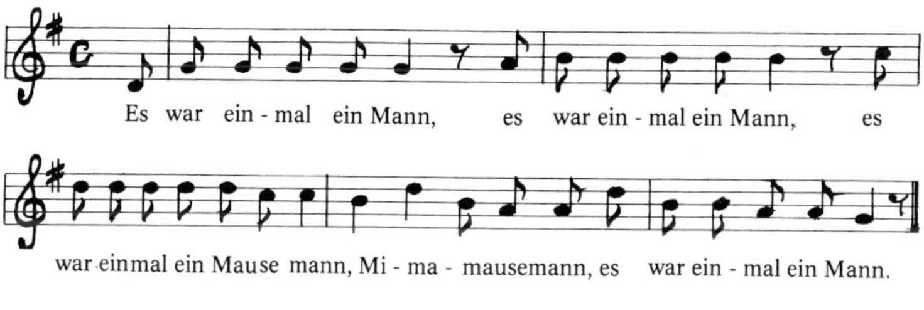

Der hatte eine Katz,
der hatte eine Katz,
der hatte eine Mausekatz,
Mi-ma-mausekatz,
der hatte eine Katz.

Der Mausemann holt sich aus dem Kreis ein Kind, das die Katze darstellt.

Was wollt er mit der Katz,
was wollt er mit der Katz,
was wollt er mit der Mausekatz,
Mi-ma-mausekatz,
was wollt er mit der Katz?

Er rupft ihr ab das Fell,
er rupft ihr ab das Fell,
er rupft ihr ab das Mausefell,
Mi-ma-Mausefell,
er rupft ihr ab das Fell.

Der Mausemann macht Bewegungen, als zöge er der Katze das Fell über die Ohren.

Was wollt er mit dem Fell ...
Er näht sich eine Tasch' ...

Die Katze geht wieder in die Kreisrunde zurück.
Der Mausemann zeigt, wie er näht.

Was wollt er mit der Tasch' ...
Er steckt darein sein Geld ...

Der Mausemann ahmt nach, wie er Geld in die Tasche steckt.

Was wollt er mit dem Geld ...
Er kaufte sich ein Pferd ...

Der Mausemann holt sich aus dem Kreis einen Spieler, der das Pferd sein soll.

Was wollt er mit dem Pferd ...
Er zog damit in'n Krieg ...

Der Mausemann reitet auf dem Rücken des „Pferdes".

Was wollt er in dem Krieg, ...
Er schoss sie alle tot ...

Wenn die Kinder die letzte Strophe singen, macht der Mausemann Schießbewegungen, sagt dabei „piff, paff, puff!". Er muss jedes Kind berühren, erst dann sind sie alle „tot".

Armer Kater
Alle Kinder sitzen im Kreis auf Stühlen oder auf dem Boden. Eines spielt den Kater. es schleicht von der Kreismitte aus von einem Kind zum andern. Kniend klagt es in jämmerlichem Ton: „Miau, miau!" das Gesicht wird dabei grimassenhaft verzogen, um sein Gegenüber zum Lachen zu bringen.

Das Kind, vor dem der Kater sitzt, bedauert und streichelt ihn: „Armer Kater!" Dieses jammervolle Klagen wird bei jedem Kind drei Mal wiederholt. Wer lacht, muss den Kater spielen.

Moses geht durch die Wüste
Die Mitspieler sitzen im Zimmer oder im Freien beieinander. Keiner, außer Moses, sollte dieses Spiel kennen, weil es sonst uninteressant ist.

Moses hängt sich eine Decke um und nimmt einen Stab in die Hand. So geht er vor den anderen auf und ab. Nun tippt er mit dem Stab einen Mitspieler an und sagt:

„Moses geht durch die Wüste und du gehst mit."

Der Angesprochene schließt sich Moses an. Weitere Mitspieler werden auf die gleiche Weise in diese Pilgerreihe aufgenommen, bis sie schließlich alle hinter Moses hergehen. Moses bleibt stehen, schaut sich um und sagt:

„Moses geht durch die Wüste und alle Kamele gehen mit."

Goldenes Täschchen
Wenn auch kein ausgesprochenes Spiel, so war das „Goldene Täschchen" doch ein netter Zeitvertreib.

Das Kind, das an der Reihe ist, überlegt sich drei Begriffe, die es für sich behält, zum Beispiel: Katze, Schulranzen, Haustür. Nun wendet es sich an die anderen:

„Ich hab' ein goldenes Täschchen, in dem ist ein K, ein S und ein H; was machst du mit dem K?"

So wird das erste Kind gefragt. Dieses antwortet aufs Geradewohl, zum Beispiel:

„Das K wickle ich in ein schönes Papier und schenke es meiner Schwester zum Geburtstag.“
„Was machst du mit dem S?“

lautet gleich die Frage an das nächste Kind. Dieses antwortet ebenfalls, was ihm eben einfällt, zum Beispiel

Das S pflanze ich im Garten ein und gieße es tüchtig.“

Das dritte Kind wird dann nach dem letzten Buchstaben gefragt und antwortet zum Beispiel:

„Das H schneide ich in kleine Würfel und brate es in Zwiebeln an.“

Darauf verrät der Frager, was sich hinter den Buchstaben verborgen hat, und unter Lachen hören die anderen, was sie mit den einzelnen Dingen angestellt haben.

Fingerspiele

Kleinkinder sind glücklich, wenn Erwachsene sie auf den Schoß nehmen und mit ihren Händen und Fingern spielen. Es wirkt beruhigend auf sie, wenn Vater oder Mutter ihnen ein Sprüchlein vorsagen und dabei im Sprechrhythmus ihre Fingerchen bewegen.

In dieser Zuwendung erfahren sie Geborgenheit und Liebe. Aufmerksam hören sie zu und wollen immer wieder dasselbe hören, wobei sie auch versuchen, die einfachen Sätzchen mitzusprechen.

Die Fingerspiele enden meist so, dass das Kind zum Lachen gebracht wird.

Die beiden folgenden Verse beginnen mit dem Daumen. Beim Ersten wird zuletzt die ganze Hand gefasst.

Das ist die Mutter, lieb und gut.
Das ist der Vater, mit frohem Mut.

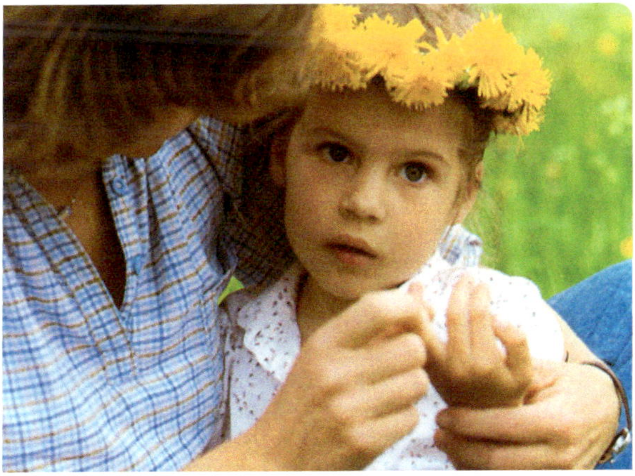

Fingerspiele gefallen den ganz Kleinen.

Das ist der Bruder,
schlank und groß.
Das ist die Schwester
mit dem Püppchen im Schoß.
Das ist das Kindchen,
klein und zart:
das ist die Familie von guter Art.

○

Der ist ins Wasser gefallen.
Der hat ihn wieder herausgeholt.
Der hat ihn ins Bett gelegt.
Der hat ihn zugedeckt,
und der kleine Schelm hat ihn
wieder aufgeweckt!

○

Da hast 'nen Taler,
geh auf den Markt,
kauf dir 'ne Kuh,
ein Kälbchen hat ein
Schwänzchen.
Dideldideldänzchen.

Während des Sprechens wird die Handfläche des Kindes gestreichelt. Bei „Dideldideldänzchen" wird gekitzelt.

○

Es kommt eine Maus,
die will ins Haus.
Klingelingeling,
ist der Herr zu Haus?

Das Kleine wird bei „ Klingelingeling" am Ohr gezupft.

Geht ein Männle die Treppe nauf,

zwei Finger des Erwachsenen wandern am Arm des Kindes entlang

bleibt a bissle hocke,

die Finger ruhen auf der Schulter des Kindes

geht a bissle weiter nauf,

die Finger sind am Ohr

läutet an der Glocke,

die Finger zupfen dran

Klopfet an, klopfet an:

Man pocht an die Stirn des Kindes

Guten Tag, Herr Hampelmann!

Man packt das Näschen!

○

Die folgenden Tätigkeiten werden während des Sprechens vom Erwachsenen und vom Kind mit den Händen dargestellt. Bei den letzten beiden Zeilen fassen sie sich mit überkreuzten Händen.

Eins, zwei, drei,
so rühren wir den Brei,
so knacken wir die Nüss,
so schaben wir Gemüs,
so binden wir die Schnur,
so fegen wir den Flur,
so melken wir die Kuh,
so putzen wir den Schuh,
so flicken wir das Kleid,
so sägen wir zu zweit.
Durch unsere Hände werden
wir froh und frei auf Erden.

In der Küche
auf dem Tisch
steht ein Töpfchen Milch –
ganz frisch
's Kätzchen will sich dran erlaben,
von der frischen Milch was haben,
es trinkt und trinkt und trinkt,
o weh, 's Köpfchen geht

nicht mehr zur Höh!
Mit dem Töpfchen auf dem Köpfchen
läuft es in den Schnee hinaus.
Wär da nicht ein Stein gelegen –
's Kätzchen läuft genau dagegen,
und der Topf, der springt entzwei,
's Kätzchen ist nun wieder frei!

Die ganze Geschichte wird vom Erwachsenen begleitend mit den Händen mitgespielt.

○

In der Hecke, auf dem Ästchen,
baut der Vogel sich ein Nestchen,
legt hinein zwei Eierlein,
brütet aus zwei Vögelein.
Sie rufen leise piep, piep, piep,
Mütterlein, hab dich so lieb.

Die Hände werden so zusammengelegt, dass sie ein Nest bilden. Die kleinen Finger stellen die Vögel dar.

○

Kätzchen läuft die Trepp' hinan,
hat ein rotes Jäckchen an,
Messerchen an der Seiten.
Wo willst du hinreiten?
Will reiten nach Bulemanns Haus,
will mir holen 'ne fette, fette Maus!
Quiek, quiek, quiek, quiek!

Die Finger lässt man am Körper des Kindes hochklettern und kitzelt das Kind bei „quiek".

Ratespiele und Rätsel

Für Rätsel oder Ratespiele sind die Kinder immer zu gewinnen. Ganz gespannt hören sie zu, um ja recht schnell auf die Lösung zu kommen. Es ist für sie reizvoll, auch Erwachsenen Rätsel aufzugeben. Sie erfahren dabei ein Gefühl von Überlegenheit und Klugheit, vor allem, wenn der Gefragte die Lösung nicht findet. Die Kinder greifen rasch neue Rätsel auf, um diese bei ihren Spielpartnern anzubringen.

Während das Rätselraten meist plötzlich und so nebenbei den Kindern in den Sinn kommt, aber auch ebenso rasch wieder aufgegeben wird, verlaufen die Ratespiele in einer eher ruhigen und länger andauernden Spielatmosphäre. Die Spielgruppe oder auch nur zwei Partner konzentrieren sich auf die Reaktionen ihres Gegners.

Teekessel
Dieses Ratespiel eignet sich gut für eine gesellige Runde. Zwei Spieler denken sich ein Wort aus, das verschiedene Bedeutungen hat. Zum Beispiel Erika (Mädchenname, Blume). Dieses Wort bekommt als Deckname die Bezeichnung „Teekessel". Die beiden Spieler umschreiben nun ihr Teekesselwort möglichst vieldeutig und lustig.
Beispiel:

1. Mein Teekessel hat ein strahlendes Aussehen.
2. Mein Teekessel duftet süß.
1. Mein Teekessel freut sich am Sonnenschein.
2. Mein Teekessel ist nicht überall zu finden.

Der eine spricht also immer von dem Mädchen, das Erika heißt, der andere von der Blume.

Die Zuhörer müssen das gesuchte Wort erraten. Wenn lange keiner das richtige Wort findet, sollte die Umschreibung deutlicher werden. Wer richtig geraten hat, darf mit einem Partner die nächste Runde spielen.

Rumpel, Pumpel, Holderstock
Ein Kind setzt sich, das andere kniet vor ihm und legt seinen Kopf auf dessen Schoß. Mit den Fingern einer oder beider Hände trommelt das sitzende Kind auf den Rücken des knienden und spricht:

„Rumpel, Pumpel, Holderstock,
wie viel Hörner hat der Bock?"

worauf er einige Finger in die Höhe streckt. Wenn das kniende Kind die richtige Zahl erraten hat, tauschen sie die Rollen.

Farben raten
Die Kinder sitzen in der Stube oder im Freien zusammen. Ein Kind beginnt mit dem Verschen:

„Ich seh' etwas, was du nicht siehst
und das ist blau."

oder es sagt:

„Rite, rate, was ist das,
ist kein Fuchs und ist kein Has.
Es ist blau."

Es sieht sich dabei nach einem entsprechenden Gegenstand um, den die Mitspielenden nun erraten müssen. Die Kinder raten der Reihe nach, was es sein könnte. Wer richtig geraten hat, darf dann das Spiel übernehmen.

Galgenmännchen
Zwei Spielpartner nehmen einen Zettel zur Hand. Jeder denkt sich ein Wort aus, dessen ersten und letzten Buchstaben er aufschreibt. Die fehlenden

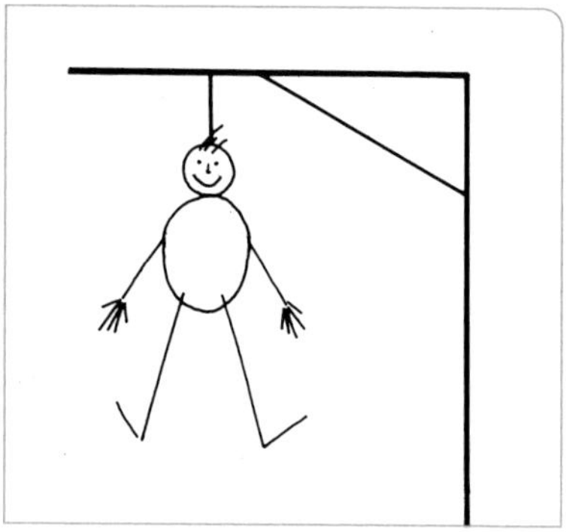

Galgenmännchen für das Buchstabenraten.

Buchstaben werden durch Punkte markiert. Zum Beispiel Bauernhaus:
B . . . . s.

Gleichzeitig wird auf das Papier ein Galgen gezeichnet. Ein Spieler beginnt mit dem Raten der in dem Wort enthaltenen Buchstaben. Jeder richtig geratene Buchstabe wird vom Spielpartner an die entsprechende Stelle der Wortlücke geschrieben. Für jeden falschen Buchstaben gibt es einen Strich oder Kreis am Galgen. Es wird so lange weitergeraten, bis das Wort erraten bzw. bei Nichterraten das Galgenmännchen fertig ist. Dann wird beim Spielpartner ebenso verfahren. Jeder strengt sich an, schnell auf das gesuchte Wort zu kommen. Denn wer möchte schon am Galgen hängen?

Gerade oder ungerade
Zwei Kinder spielen zusammen. Eines nimmt mehrere Murmeln oder Bohnen in die Hand. Das andere muss erraten, ob die Zahl der in der Hand gehaltenen Gegenstände gerade oder ungerade ist. Hat es richtig geraten, bekommt es alles, was der andere in der Hand hat.

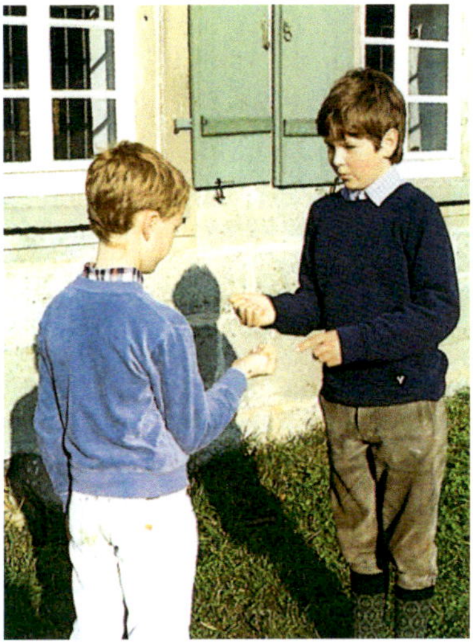

Gerade oder ungerade? Wer richtig rät, gewinnt.

War es falsch, muss es dem anderen Kind eine Bohne oder Murmel abgeben.

Vier-Ecken-Raten

Vier oder mehr Kinder sitzen in der Stube beisammen. Eines muss den Raum verlassen. Die restlichen „verteilen“ nun die Ecken des Zimmers an die Anwesenden, auch der Draußenstehende sollte bedacht werden. Er wird dann hereingerufen und darf nun auf die Frage „Was soll diese Ecke tun?“ jeder Ecke eine Aufgabe geben.

Beispiele für Aufgaben:

- Einen Purzelbaum schlagen.
- Ohne Fehler von einer Million fünf abwärts zählen.
- Sich auf den Boden setzen und wieder aufstehen, ohne die Hände zu gebrauchen ...

Die Tätigkeiten werden gleich ausgeführt.

Lustig wird es vor allem, wenn der Aufgabensteller sich selbst eine möglichst unangenehme Aufgabe gibt.

Rätsel

Geht durch das Wasser
und netzt sich nicht,
durch das Feuer und brennt sich nicht,
durch die Spalten
und klemmt sich nicht,
durch das Laub und raschelt nicht.
(Sonnenschein)

Es geht und geht und kommt
nicht von der Stelle. (Uhr)

Es hat einen Rücken
und kann nicht liegen,
es hat zwei Flügel und kann
nicht fliegen. (Nase)

In welchem Bett kann man
nicht schlafen? (Flussbett)

Es sind sechsundzwanzig Herrn,
die regieren Gott und die Welt in Ehr’n,
es isst keiner Brot, trinkt keiner Wein,
rat, was das für Herren sein!
(26 Buchstaben im Abc)

Hat neun Häut und beißt alle Leut.
(Zwiebel)

Brennt rund ums Haus und brennt
doch kein Loch heraus. (Brennnessel)

Geht über das Feld
und bewegt sich nicht. (Weg)

Man schlüpft bei einem Loch hinein
und kommt bei drei Löchern heraus.
(Hose)

Ein Tisch voll Essen, die Tür vergessen.
(Ei)

Es ist die älteste und größte Uhr, sie
hängt von allen Uhren am höchsten,
und sie hat meinem Großvater schon
die Zeit gesagt. (Sonne)

Weiß wie Schnee, grün wie Klee,
rot wie Blut, schmeckt allen gut.
(Kirsche)

Welcher Baum hat keine Wurzeln?
(Purzelbaum)

Welche Zeiten sind die besten?
(Mahlzeiten)

Welcher Fuß hat keine Zeh? (Tischfuß)

Welches Kätzchen hat kein Maul?
(Palmkätzchen)

Welche Mühle hat keinen Bach?
(Kaffeemühle)

Es fliegt und hat keine Flügel,
es sitzt und hat keinen Po,
es geht und hat keine Füß. (Schnee)

Was ist in der Mitte von Ulm?
(Buchstabe l)

Ein langer, langer Vater,
eine lange, lange Mutter,
und viele, viele Kinder.
(Leiter mit ihren Sprossen)

Ein hölzerner Buckel
und ein haariger Bauch.
(Kehrwisch oder Bürste)

Wirgele, Wargele auf der Bank
wenn's hinabfällt, ist es krank.
Es ist kein Doktor im ganzen Land,
der dem Wirgele, Wargele helfen kann.
(Ei)

Es ist nicht in Meißen,
aber doch in Preußen;
es ist nicht in Holland,
aber doch in Brabant;
bei den Jüngeren kann man's finden
und die Weiber tragen's hinten.
(Buchstabe R)

Wo geht man hin, wenn man zwölf
Jahr alt ist? (Ins Dreizehnte)

Pfänderspiele

Zu den klassischen Gesellschaftsspielen zählen die Pfänderspiele. Ihr besonderer Reiz liegt im Einlösen der Pfänder. Hat das vorausgegangene Spiel schon einen fröhlichen Verlauf genommen, so wird im anschließenden Pfändereinlösen zweifellos der Höhepunkt der Fröhlichkeit erreicht. Kinder denken sich oft die ausgefallensten Aufgaben aus, die dann vom Pfandbesitzer zur Erheiterung der Mitspielenden auszuführen sind. Pfänderspiele wurden früher gerne in Gesellschaft Erwachsener gespielt. Sie waren eine beliebte Unterhaltung an den langen Winterabenden. Heute ist es ein beliebtes Spiel bei Kindergeburtstagen. Spielleiter ist meist ein Erwachsener.

Übern See

In die Pausen darf nicht hineingesungen werden. Wer dies trotzdem tut, zahlt ein Pfand.

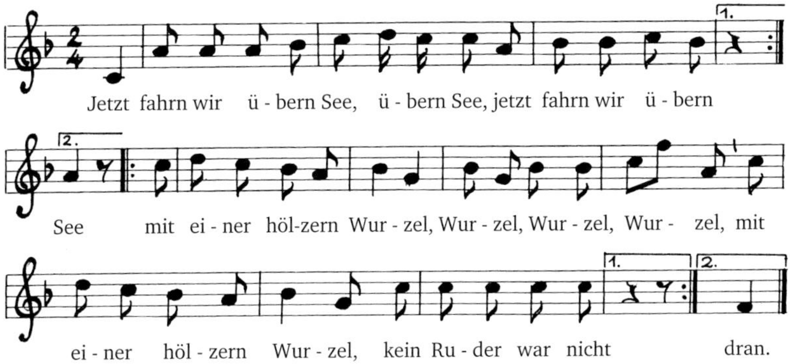

2. Und als wir drüber warn,
   drüber warn,
   und als wir drüber – warn
   da sangen alle Vöglein,
   Vöglein, Vöglein, Vöglein,
   da sangen alle Vöglein,
   der helle Tag brach – an.

3. Der Jäger rief ins Horn,
   rief ins Horn,
   der Jäger rief ins – Horn.
   Da bliesen alle Jäger,
   Jäger, Jäger, Jäger,
   da bliesen alle Jäger,
   ein jeder in sein – Horn.

Ringsuchen

Durch einen Fingerring oder einen Schlüsselring wird eine längere Schnur gezogen und an beiden Enden verknotet. Die Kinder sitzen im Kreis herum, eines stellt sich in die Mitte. Die im Kreis Sitzenden halten mit beiden Händen die Schnur fest. Der darin befindliche Ring wandert nun rasch und möglichst unauffällig von einem zum andern. Alle Hände sind immer in Bewegung, auch die, die den Ring gerade nicht halten. Hat der in der Mitte stehende Spieler den Ring schließlich entdeckt, muss der, bei dem er gefunden wurde, ein Pfand geben und sich dann selbst in den Kreis stellen.

Alle Vögel fliegen hoch

Die Spielschar sitzt um den Tisch herum. Ihre Handflächen liegen auf der Tischplatte. Der Spielleiter ruft: „Alle Vögel fliegen hoch" und nennt dabei ein fliegendes Tier, zum Beispiel die Gans, die Fledermaus, die Lerche, die Biene, es muss nicht immer ein Vogel sein. Bei seinem Ausruf nimmt der Leiter des Spieles die Hände und Arme hoch und alle Mitspielenden tun das ebenso. Immer wieder gehen die

Hände hoch und nieder, bis ein Tier genannt wird, das nicht fliegen kann, zum Beispiel Pferd, Maus, Hase. Wer trotzdem die Arme hochwirft, muss ein Pfand geben.

Der Spielführer versucht natürlich, die Mitspielenden möglichst oft irrezuführen, denn er selbst darf seine Arme auch bei nichtfliegenden Tieren hochstrecken.

Mein Hut, der hat drei Ecken
Das wohl allen bekannte Lied wird so gesungen, dass bei jeder Wiederholung ein anderes Wort wegbleibt, das dann durch eine entsprechende Bewegung ersetzt werden sollte. Zuerst fällt das Wort „Hut" weg, die Hand tippt auf den Kopf. Dann wird das Wort „Ecken" weggelassen. Stattdessen berührt eine Hand den Ellbogen. auch das „mein" ist nicht zu singen, jeder tippt sich an die Brust. Schließlich wird das Wort „drei" dadurch ersetzt, dass drei Finger hochgehalten werden.

Es ist schwierig, alle diese Worte in der richtigen Reihenfolge durch Bewegungen zu ersetzen. jeder, der einen Fehler macht, muss ein Pfand geben.

Kommando Pimperle
Alle Spieler sitzen am Tisch. Einer gibt folgende Kommandos, die von den Mitspielern auszuführen sind:

- *Kommando Pimperle*: Mit den Zeigefingern klopfen alle gegen die Tischkante.
- *Kommando Flach*: Beide Handflächen werden auf den Tisch gelegt.
- *Komando Hohl*: Die Fingerspitzen müssen auf dem Tisch aufgesetzt werden.
- *Kommando Bock*: Alle machen die Hände zur Faust und legen sie auf den Tisch.
- *Kommando Doppelbock*: Die Fäuste beider Hände liegen aufeinander.

Der Spielleiter gibt die Kommandos wechselweise rasch hintereinander. Lässt er das Eingangswort „Kommando" aus, so darf die Handbewegung nicht ausgeführt werden. Der Spielleiter kassiert von jedem, der einen Fehler macht, ein Pfand.

Pfänder einlösen
Die vorausgegangenen Spiele haben eine ganze Anzahl Pfänder einge-

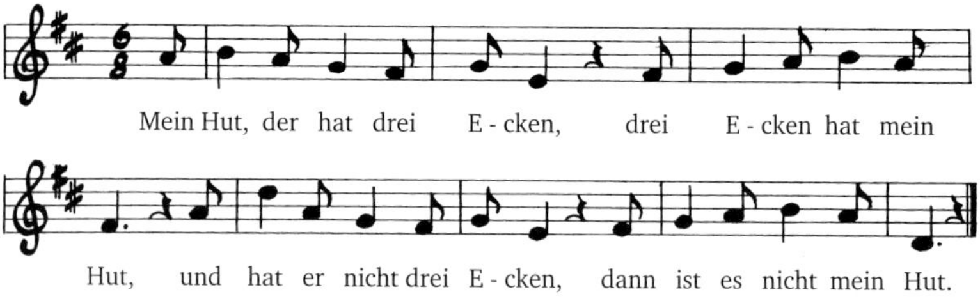

bracht, die von ihren Besitzern eingelöst werden müssen. Der Spielleiter greift von den Pfändern eins ums andere heraus, aber so, dass keiner sehen kann, wessen Pfand er gerade in der Hand hält. Er spricht dazu:

> „Was soll das Pfand in meinerHand, was soll dasselbe tun?"

Aus dem Gesellschaftskreis kommen nun die verschiedensten Vorschläge, zum Beispiel:

- Auf einen Stuhl steigen und ein Lied singen.
- Einen Schnellsprechvers aufsagen.
- In der Ecke sitzen und „Speck schneiden":
  „Ich sitze hier und schneide Speck, und wer mich lieb hat, holt mich weg."
- Eine Kerze auspfeifen (nicht ausblasen).
- Ein Lied singen.
- Das Abc von hinten her aufsagen.
- Zehn Kniebeugen machen.
- Einen Satz sagen, in dem kein „S" vorkommt.
- Drei Fragen mit „ja" beantworten.
- Einem anderen zehn Sekunden in die Augen schauen, ohne zu lachen.
- Ein Stück aus der Zeitung vorsingen (nach einer bekannten Melodie).
- Ein Sprichwort pantomimisch darstellen.

Der Spielleiter entscheidet schließlich, was der Betreffende tun soll. Er legt das Pfand auf den Tisch. Alle warten nun gespannt darauf, wie der Besitzer seine Aufgabe ausführt.

Reigen

Meist ist es die Mutter, die mit den Kleinen den ersten Reigen tanzt. Zu einfachen Melodien und Texten gehen sie gemeinsam die ersten Schritte im Kreis.

Im Kindergarten sind Reigenspiele fester Bestandteil des erzieherischen Programms. Mit ganzer Hingabe lernen die Kinder Melodie, Text und Spielhandlung. Sind die Kinder dann im Schulalter, trifft man heute nur noch selten auf Reigen spielende Gruppen. Früher jedoch gehörten Reigen- und Liederspiele zu den Lieblingsspielen der Mädchen.

Auf der Wiese, in Hofräumen, auf freien Plätzen im Dorf, gerne aber auch im Schulhof sind die Mädchen aller Altersklassen in anmutiger Weise diesen Spielen nachgegangen. Ausdauernd blieben sie beim Spiel, nur ungern ließen sie sich unterbrechen. Reigen waren gleichzeitig auch *die* Sonntagsspiele im Freien, weil bei den ruhigen, tänzerischen Bewegungen das Sonntagskleid, das zu schonen war, angelassen werden durfte.

Die Freude an der tanzerischen Bewegung, an der Spielhandlung und an den Melodien sind wohl Gründe für die Beliebtheit dieser Spiele. Sie entsprechen ihrem Naturell, weil Mädchen besonders ausgeprägte Gefühle für Rhythmik und Tanz besitzen. Es kommt hinzu, dass sich die Kinder im geschlossenen Kreis geborgen und gegenseitig angenommen fühlen, ja, sich selbst bestätigt finden. Keiner steht draußen, alle sind beteiligt. neben Anmut und Liebreiz gehen Harmonie und Ordnung von diesen Spielen aus.

Gold'ne Brücke

Zwei Kinder stehen einander gegenüber und bilden mit erhobenen Armen eine Brücke. Durch diese Brücke gehen die anderen Kinder, die Hand an Hand eine Kette bilden, singend hindurch. An der Stelle: „den letzten woll'n wir fangen" nehmen die Kinder der „Brücke" ihre Arme herunter und halten den Letzten darin fest. Das Kind wird gefragt: „Silber oder Gold?" Je nachdem, was es sagt, muss es sich auf die eine oder die andere Seite der Brücke stellen. Die beiden Kinder, die die Brücke bilden, haben zuvor ausgemacht, wer von ihnen Silber und wer Gold ist und sich verständigt, welche Seite Engel und welche Teufel ist. Wenn alle Kinder durchgezogen und aufgeteilt sind, wird ihnen gesagt, ob sie Engel oder Teufel sind, denn:

> „Engele werden getragen, Teufele werden geschlagen."

Die Kinder der Brücke nehmen die Engel auf ihre gefassten Arme und tragen sie ein Stückchen. Die Teufel werden zwischen den Armen der Brücke kräftig hin- und hergeschleudert.

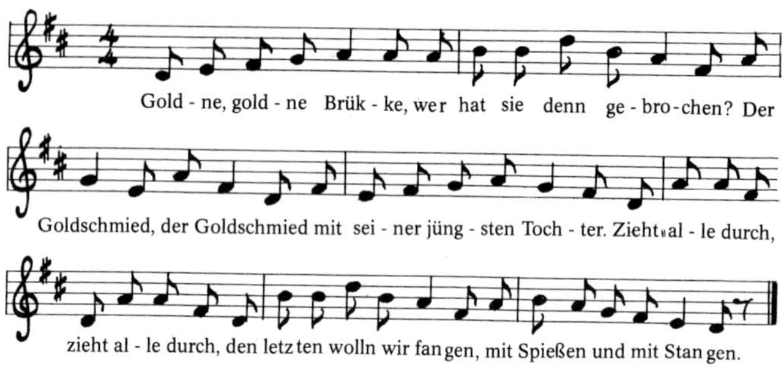

Der Nussbaum

In der Kreismitte steht die „liebe Anna" (beim Spiel wird der tatsächliche Name des Kindes gesungen). Der Kreis dreht sich singend um sie. Wenn gesungen wird: „guten Morgen", verbeugen sich alle vor ihr.

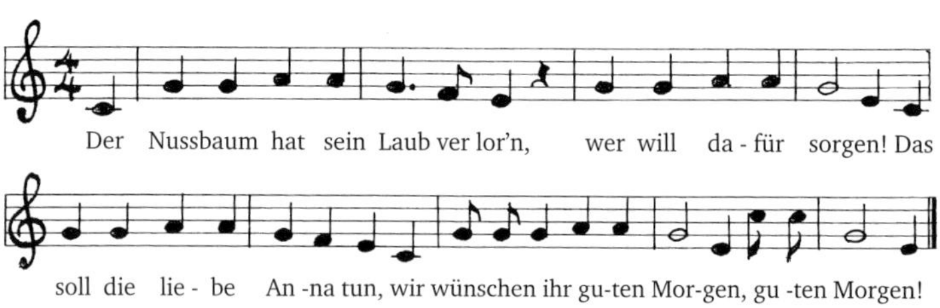

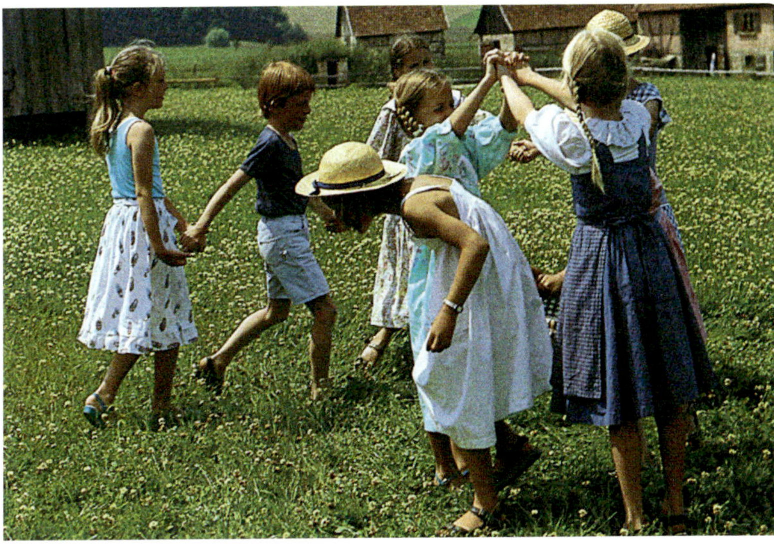

Gold'ne Brücke: „... zieht alle durch, zieht alle durch ...“

Liebe Schwester, tanz mit mir

Die Kinder stehen sich in zwei Reihen gegenüber. Mit Beginn des Liedes gehen sie aufeinander zu und fassen sich paarweise an den Händen.
Während gesungen wird: „Einmal hin, einmal her“ geht jedes Paar im Rhythmus des Liedes hin und her.

Bei „rund herum“ lassen sie die Hände los und drehen sich einzeln auf der Stelle herum, bis der Vers beendet ist. Auf diese Weise wird jede Strophe getanzt.

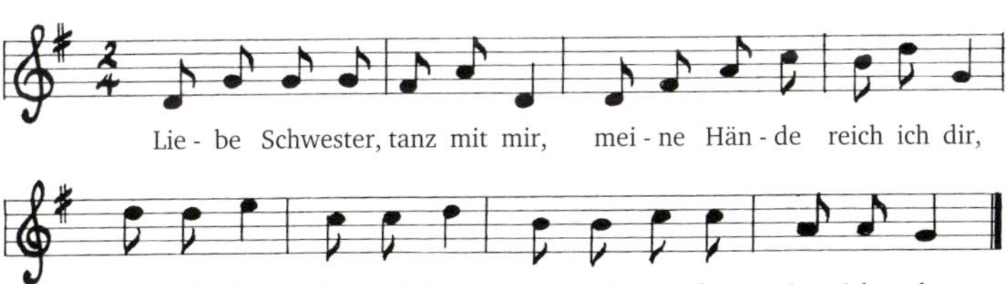

2. Ei, das hast du schön gemacht;
ei, das hätt' ich nicht gedacht!
Einmal hin ...

3. Noch einmal das schöne Spiel,
weil es mir so gut gefiel!
Einmal hin ...

Es tanzt ein Bibabutzemann

Ein Kreis wird gebildet und festgelegt, wer den „Butzemann" spielen soll. Der „Butzemann" stellt sich in die Kreismitte. Die Kinder singen das Lied, der Butzemann macht die Bewegungen dazu: Säckchentragen, rütteln, schütteln, Säcklein hinter sich werfen. Bei „Wir klatschen in die Hand" klatschen alle Kinder in die Hände. Bei: „Wir sind uns ja verwandt" fasst Butzemann das Kind bei den Händen, vor dem er gerade steht und tanzt mit ihm rund um den Kreis. Das Kind, das mit dem Butzemann getanzt hat, darf dann in der nächsten Runde den Butzemann spielen.

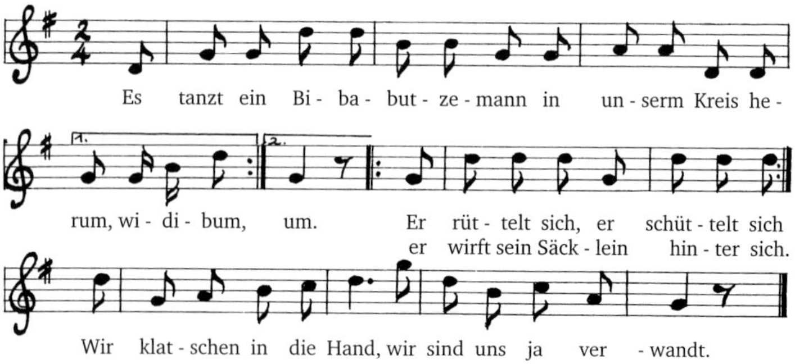

Häslein in der Grube

Die Kinder bilden einen Kreis:
Ein Kind stellt das Häslein dar. Es sitzt in der Kreismitte und legt die Hände als Ohren an den Kopf.

Die anderen Kinder gehen im Kreis singend um das Häslein herum. Bei den Worten: „Häslein hüpf" hüpft das Kind in der Hocke auf ein anderes Kind im Kreis zu, das beim nächsten Spiel Häslein sein darf.

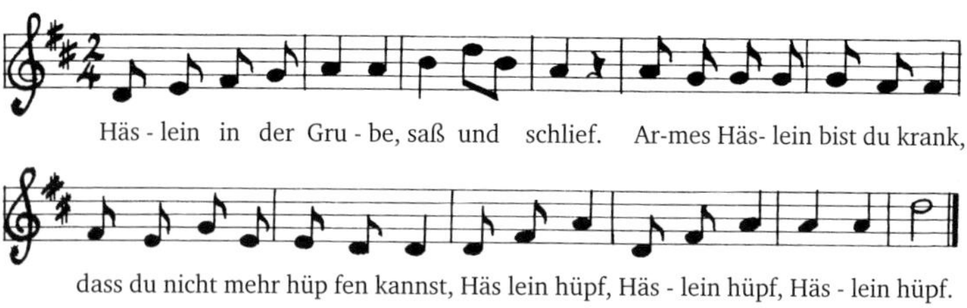

Petersilie Suppenkraut

In einem Kreis steht ein Mädchen, das die Braut ist. Die Kinder gehen singend im Kreis. Wenn das Lied gesungen ist, spricht die Braut: „Der Bräutigam soll kommen". Sie wählt sich einen Partner. Während die im Kreis gehenden Kinder das Lied wieder von vorn zu singen beginnen, tanzt das Paar im Kreis herum.

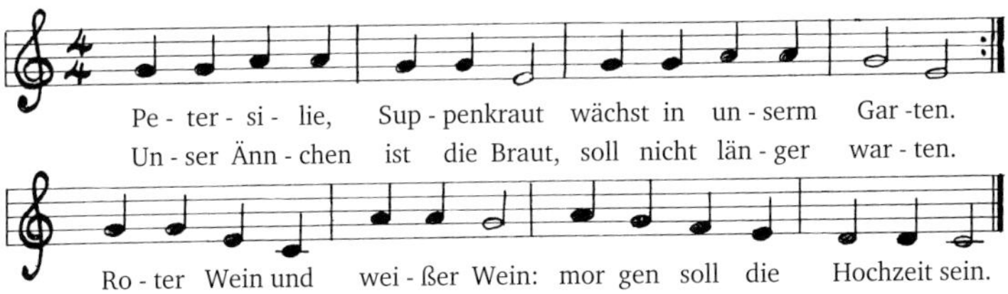

Rote Kirschen ess' ich gern

Die Kinder gehen im Kreis, sie fassen sich an den Händen und singen. Außerhalb des Kreises geht ein Kind in der Gegenrichtung. Bei dem gesprochenen Text

„Heda, Platz gemacht, für die jungen Damen! Sitzt der Kuckuck auf dem Dach, diese möcht ich haben!"

Durchteilt das außen gehende Kind den Kreis, geht quer durch und wieder hinaus. Bei

"diese möcht ich haben"

tippt es eine Mitspielerin an, die ihr folgen muss. Es wird so lange gesungen, bis alle Kinder nachfolgen.

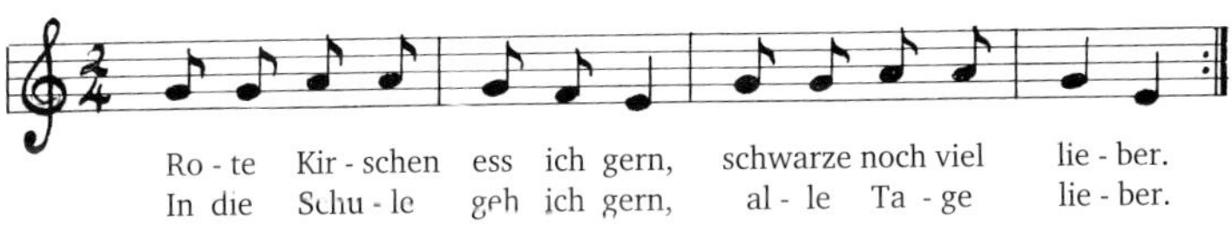

Mariechen saß auf einem Stein

Ein Kind darf das Mariechen spielen; auch die andren Rollen der im Text vorkommenden Personen werden verteilt. Das Mariechen setzt sich in den Kreis. Die außen stehenden Kinder singen, Mariechen macht dazu die entsprechenden Bewegungen (kämmen, weinen). Die weiteren Personen (Karl und Fähnerich) treten auf und spielen ihre Rolle.
Das Lied wird nach der Melodie von „Dornröschen war ein schönes Kind" gesungen (Seite 64).

Mariechen saß auf einem Stein,
einem Stein, einem Stein ...
sie kämmte sich ihr gold'nes Haar ...
Und als sie damit fertig war ...
Da fing sie an zu weinen ...
Da kam ihr Bruder Karl herein ...
„Mariechen, warum weinest du?" ...
„Ach, weil ich heute sterben muss" ...
Da kam der stolze Fähnerich ...
Und stach Mariechen in das Herz ...
Der Fähnerich wird aufgehängt ...

Dornröschen war ein schönes Kind

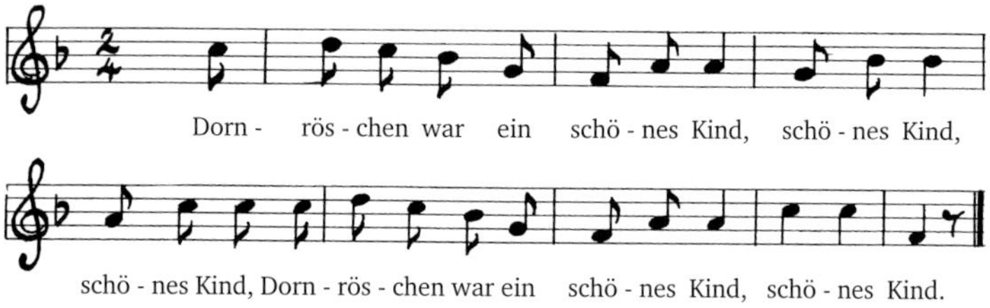

Die Kinder gehen singend im Kreis herum. In der Mitte des Kreises sitzt das Dornröschen.

> Dornröschen war ein schönes Kind,
> schönes Kind, ...
> Dornröschen, nimm dich
> ja in Acht! ...

Der Kreis bleibt stehen, die Kinder schauen mit warnendem Finger auf Dornröschen.

> Da kam die böse Fee herein:

Die böse Fee tritt in den Kreis.

> „Dornröschen, schlafe hundert
> Jahr!“ ...

Dieser Vers wird von der bösen Fee alleine gesungen, sie hält dabei die Hand über Dornröschen, danach geht sie wieder zurück.

> Da wuchs die Hecke riesengroß ...

Mit gefassten, erhobenen Armen treten die Kinder gemeinsam in den Kreis und bilden so um Dornröschen die Hecke.

> Da kam der junge Königssohn ...

Der Königssohn kommt, durchbricht die Hecke, die Kinder treten zurück.

> „Dornröschen, wache wieder auf!“ ...

Der Königssohn singt alleine, er hält die Hände über Dornröschen.

> Da feierten sie das Hochzeits ...

Königssohn und Dornröschen fassen sich an den Händen und tanzen im Kreis.

> Da jubelte das ganze Volk ...

Die ganze Kinderschar tanzt hüpfend mit.

Ri ra rutsch

Zwei Kinder fassen sich mit überkreuzten Armen und bewegen sich im Sprachrhythmus des Verses vorwärts. Beim letzten Wort (rutsch) drehen sie sich in die entgegengesetzte Richtung, dabei dürfen sie aber die Hände nicht loslassen.

> Ri, ra, rutsch, wir fahren mit der
> Kutsch,
> wir fahren mit der Schneckenpost,
> wo es keinen Kreuzer kost,
> ri, ra, rutsch.

Fünfundzwanzig Bauernmädchen

Dies ist ein Reigen für eine ungerade Anzahl von Mädchen. Diese stellen sich im Kreis auf, singen das Lied und bei: „jede hat ein' Mann" laufen je zwei aufeinander zu. Die Übriggebliebene wird ausgelacht.

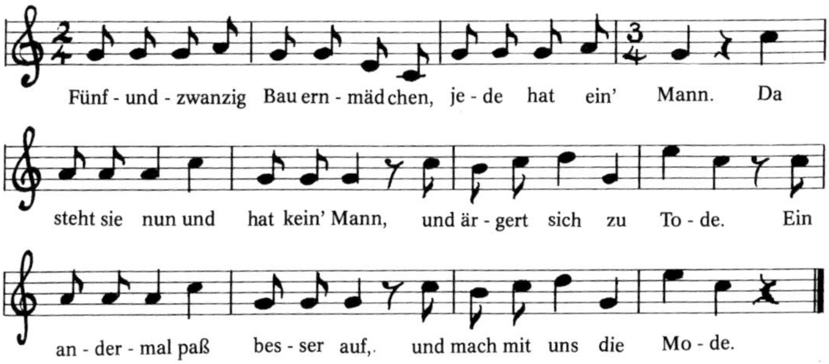

Zeigt her eure Füße

Die Mädchen stehen im Kreis und stützen die Arme in die Hüften. Im Rhythmus der Melodie stellen sie abwechselnd den rechten und den linken Fuß vor.

An der Stelle: „Sie waschen" ahmen sie die Bewegungen des Waschens nach. Ebenso werden die weiteren Verse mit den entsprechenden Nachahmungen ausgeführt.

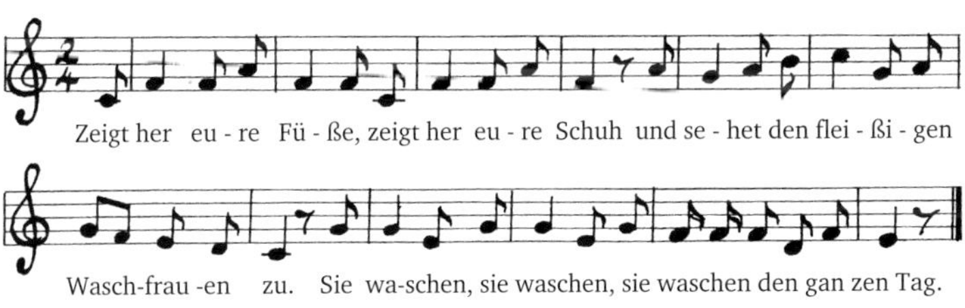

... sie winden
... sie hängen
... sie legen
... sie rollen
... sie bügeln
... sie ruhen
... sie tanzen

Kommt ein Reitersmann daher

Die Kinder stehen im Kreis und singen. Zuvor wird ausgemacht, wer von ihnen die auftretenden Personen darstellen soll. Liese, Reitersmann, Kaufmannssohn, Schneiderlein, Stoffel spielen und singen entsprechend dem Text ihre Rollen. Zum Schluss tanzen Stoffel und Liese zusammen.

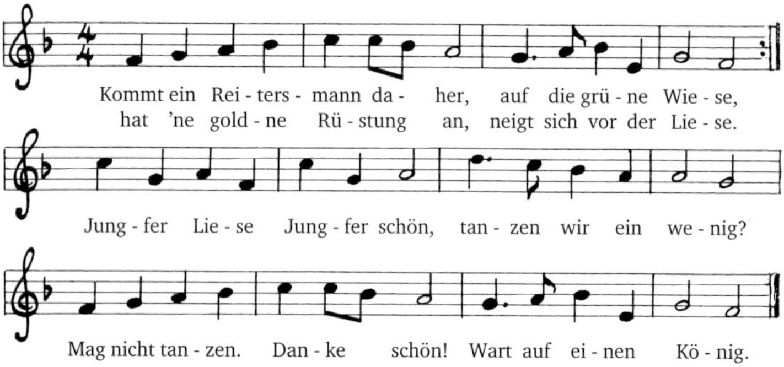

2. Kommt ein Kaufmannssohn daher,
auf der grünen Wiese,
hat ein Wams aus Seide an,
neigt sich vor der Liese.
Jungfer Liese ...

3. Kommt ein Schneiderlein daher,
auf der grünen Wiese,
hat ein grünrot Röcklein an,
neigt sich vor der Liese.
Jungfer Liese ...

4. Liese wartet Jahr um Jahr,
auf der grünen Wiese,
Doch kein König kommen mag,
der da spricht zur Liese:
Jungfer Liese ...

5. Kommt ein Schweinehirt daher,
namens Christian Stoffel,
hat nicht Schuh noch Strümpfe an:
trägt nur Holzpantoffel.
Lieber Stoffel tanz mit mir
auf der grünen Wiese!
Und der Stoffel tanzt mit ihr,
mit der dummen Liese!

Auf der Donau bin i gfahre

Mit gefassten Händen gehen die Kinder singend im Kreis herum. An der Stelle: „Und des Schiffle heißt …“ wird der Name eines mitspielenden Kindes gesungen.

Dieses aufgerufene Kind dreht sich um, sodass es mit dem Gesicht nach außen schaut. Der Kreis bleibt geschlossen, bis alle Kinder genannt sind und sich gedreht haben.

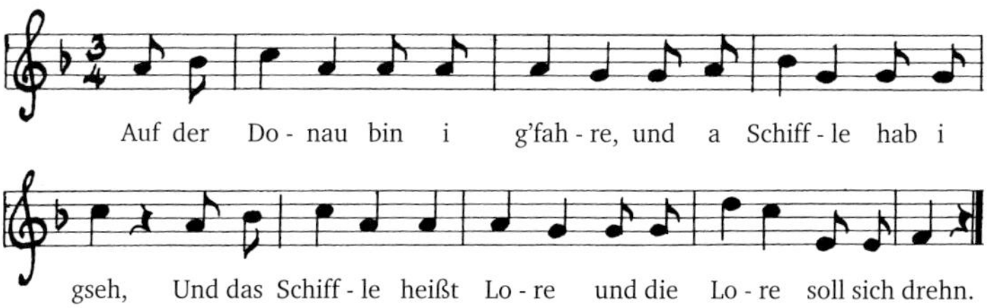

Ei Baur, was kost dein Heu

Es wird ein Kreis gebildet, in dessen Mitte der Bauer steht. Die im Kreis gehenden Kinder singen die mit einem Punkt gekennzeichneten Strophen. Der Bauer singt die Zwischenstrophen alleine. Er holt sich dabei die jeweilige Person in den Kreis herein. Bei: „Da kriegt der Baur ein Schups“ wird er aus dem Kreis geschupst, alle anderen tanzen zusammen.

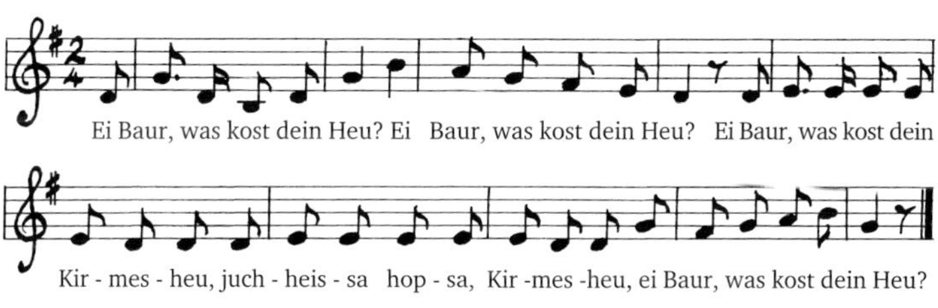

Mein Heu, das kost ein Taler … Kirmestaler

○ Ei Baur, das ist zu viel … Kirmesviel

○ Da sagt der Baur zur Frau …
Das ist mein liebe Frau …

○ Da sucht der Baur ein Kind …
Das ist mein liebes Kind …

○ Da sucht der Baur ein Knecht …
Das ist mein lieber Knecht …

○ Da sucht der Baur eine Magd …
Das ist mein liebe Magd …

○ Da sucht der Baur ein Hund …
Das ist mein lieber Hund …

○ Da kriegt der Baur ein Schups …

○ Da sind wir alle froh …

Ist die schwarze Köchin da

Die Kinder gehen singend im Kreis. Ein Kind geht in entgegengesetzter Richtung außerhalb des Kreises herum. Bei: „Komm mit“ tippt es ein im Kreis gehendes Kind an, das ihm folgen muss. Der Vers wird so lange gesungen, bis nur noch ein Kind übrig ist. Dieses wird von allen umtanzt, dabei singen sie:

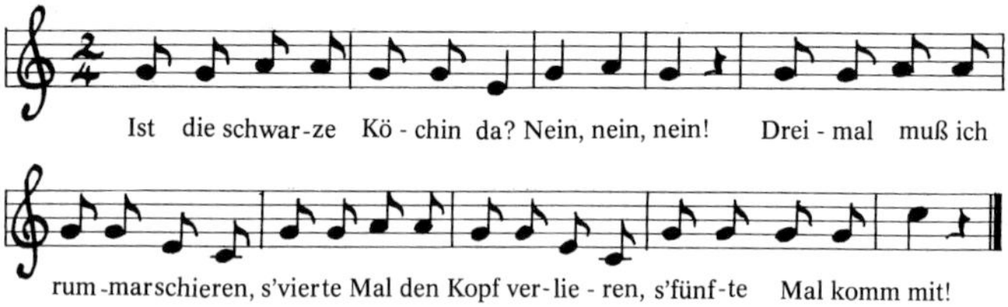

Ist die schwarze Köchin da?
Ja, ja, ja!

Da steht sie ja, da steht sie ja!
Pfui, pfui, pfui!

Wir woll’n den Kranz winden

Die Kinder setzen spontan einen Namen ein. Das betreffende Kind kreuzt seine Arme und fasst so seine Nachbarn. Es wird so lange weitergegangen und -gesungen, bis der „Kranz gewunden ist“, das heißt bis alle Kinder ihre Arme gekreuzt haben. Oft wird daran anschließend der ganze Kranz wieder gelöst – das Liedchen lautet dann:

> “Wir woll’n den Kranz lösen, so lösen wir ...“.

Ein Kind nach dem andern fasst seine Nachbarn wieder ungekreuzt an den Händen.

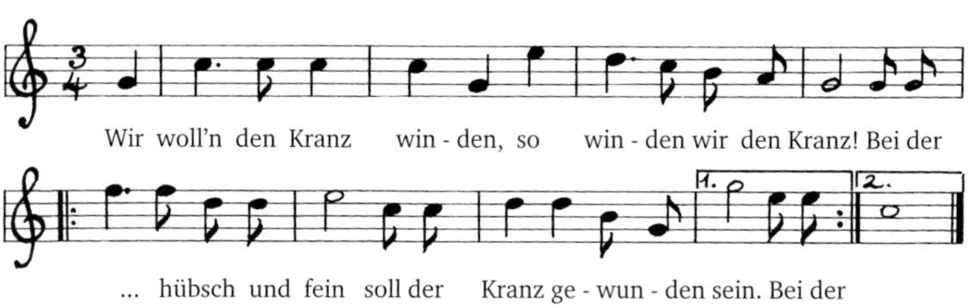

Der Goldfisch

Vor Beginn des Reigens wird ein Kind zum „Goldfisch“ ernannt. Der „Goldfisch“ geht in entgegengesetzter Richtung außerhalb des Kreises. Alle singen. Wenn sie an die Stelle kommen: „Der Goldfisch, der Goldfisch ...“, stupst der außen gehende Spieler einen im Kreis gehenden an, der ihm folgen muss. Das Spiel geht weiter, bis alle zu „Goldfischen“ geworden sind.

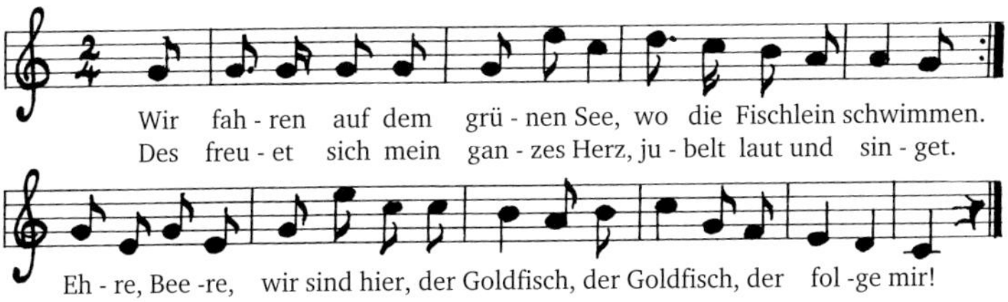

Schornsteinfeger ging spazieren

Bevor der Reigen beginnt, wird vereinbart, wer den Schornsteinfeger, das Mädchen und den Vater spielen darf.

Die übrigen Kinder fassen sich an den Händen und gehen singend umher. Der Schornsteinfeger geht außerhalb des Kreises. Das Mädchen und der Vater stehen im Kreis. Die drei sollten schauspielerisch das darstellen, was sie singen. Schließlich springt das Mädchen aus dem Kreis, fasst die Hand des Schornsteinfegers und geht mit ihm außen herum, bis alle zusammen das Lied zu Ende gesungen haben.

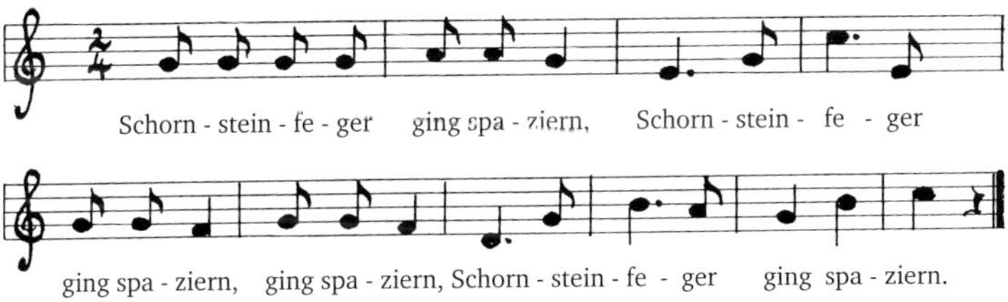

Kam er an ein schönes Haus ...
Schaut ein schönes Mädchen raus ...

Der Schornsteinfeger:

Mädchen, willst du mit mir geh’n ...

Das Mädchen:

Muss ich erst den Vater fragen ...
Vater, darf ich mit ihm gehn? ...

Der Vater:

Nein, mein Kind, das darfst du nicht ...

Alle:

Schnell sprang sie zum Tor hinaus ...
Reisten sie nach Afrika ...
Kauften sich ein Zwillingspaar ...
Und dazu ein Negerlein ...

Reime und Abzählverse

Ehe das Kind lesen und schreiben kann, hat es gelernt, einen Reim auswendig aufzusagen.

Die Eltern und die Erzieher im Kindergarten können die Kinder mit einfachen Versen und Reimen trösten, aufmuntern, ablenken, sie können mittels Reimen unliebsame Tätigkeiten überbrücken (Waschen, Anziehen), mit den Kindern scherzen, sie zum Lachen bringen. Immer und immer wieder wird auf Wunsch des Kindes derselbe Text gesprochen, und so lernt das Kind ganz unmerklich mit.

Reime und Verse für die ersten Kinderjahre

Ein Knopf, ein Knopf,
ein Hosenknopf
und jeder Knopf, der knallt.

Das dem Kind oft lästige Zuknöpfen der Kleidung wird durch dieses Sprüchlein lustiger. Bei jedem „Kn"-Laut schnalzt die Mutter mit der Zunge.

Guten Morgen, Lisebet,
sag mir, wo dei Bettle steht!
Hinterm Ofen, an der Wand,
wo des lumpig Röckle hangt.

○

Böckle, Böckle, Diezbock,
d' Mutter hat d'r Schnitz kocht.
Hat se halber gesse –
wart, i will de fresse!

Im Takt stoßen Mutter und Kind mit der Stirn leicht aneinander. Bei „wart ..." beißt die Mutter spielerisch in das Bäckchen des Kindes.

Da, Bäck,
hast ein Weck,
schieb ihn rein,
back ihn fein,
lass ihn nicht verbrennen,
dass wir'n essen können!

Schmied, Schmied, Schmied,
nimm dein Hämmerle mit!
Wenn du musst ein Pferd beschlagen,
musst dein Hämmerle bei dir tragen.
Schmied, Schmied, Schmied,
nimm dein Hämmerle mit.

Reben trägt der Weinstock,
Hörner hat der Ziegenbock;
der Ziegenbock hat Hörner,
im Walde wachsen Dörner.
Dörner wachsen im Wald,
im Winter ist es kalt;
kalt ist's im Winter,
in der Stube sind die Kinder.
Und wenn das Kind gegessen hat,
so ist es satt.

Sonne, Sonne, scheine,
Kindchen ist das meine,
Kindchen sieben Ellen misst,
seht mal an, wie groß es ist.

Das Hähnchen,
das Hühnchen,
das Heupferd,
das Bienchen,
das Kätzchen,
das Spätzchen,
das Hündchen,
und unser Kindchen,
die sitzen alle zusammen
im Sonnenschein,
was sollen sie da nicht
zufrieden sein?

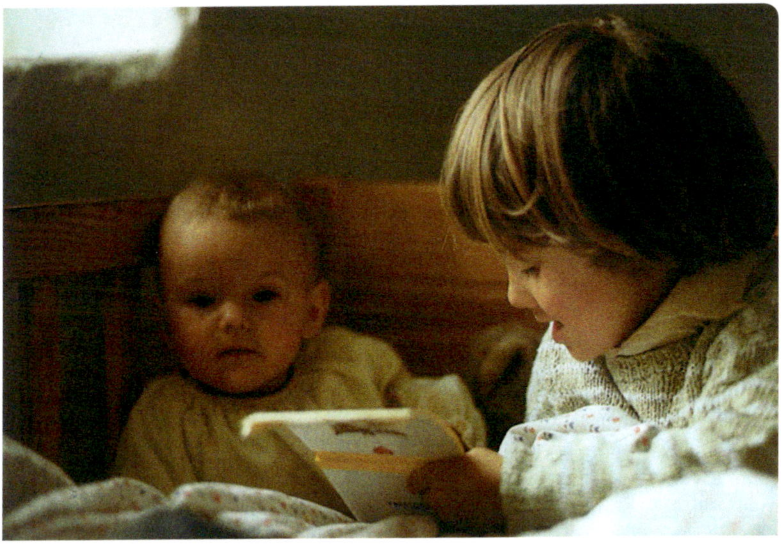

Vor dem Einschlafen hört jedes Kind gerne ein Sprüchlein.

Spannenlanger Hansel,
nudeldicke Dirn,
gehn wir in den Garten,
schütteln wir die Birn!
Schüttel ich die großen,
schüttelst du die klein',
wenn das Säckchen voll ist,
gehn wir wieder heim.

Ilse Bilse,
keiner will se.
Kam ein Koch
und nahm sie doch.

Alle Katzen sind noch blind,
wenn sie erst ein Tag alt sind.

Im Höfle, im Eckele,
da liegt ein klein's Bröckele
vom Fritzle seinem Weckele.
Da kam ein kleines Göckele
und fraß das kleine Bröckele
vom Fritzle seinem Weckele
im Höfle im Eckele.

Neckverse

Annele, Bannele
geht in 'n Laden,
möchte gern ein'n roten Faden.
Roten Faden gibt es nicht,
Annele, Bannele ärgert sich.

Gretel, Pastetel,
was machen die Gäns?
Sie sitzen im Wasser
und waschen die Schwänz.

Margritchen, Margritchen,
dein Hemdchen guckt für.
Zieh 's naufi, zieh 's naufi,
so tanz ich mit dir.

Mein lieber Bruder Ärgerlich
hat alles, was er will,
und was er hat, das will er nicht,
und was er will, das hat er nicht.
Mein lieber Bruder Ärgerlich
hat alles, was er will.

Kommt eine Maus,
die baut ein Haus,
kommt ein Mückchen,
baut ein Brückchen,
kommt ein Floh,
der macht – so! (Kitzeln)

Der Müller tut mahlen,
das Rädle geht rum,
mein Kind ist verzürnet,
weiß selbst nicht warum.

Reeche, Reeche, Tropfe,
alte Weiwer hopfe,
hopfe in de Stuuwe rum,
schmeiße alle Häfelich um.

Zwiwelewitz was macht
der Schneider?
Zwiwelewitz was macht der Bock?
Zwiwelewitz er hängt am Galgen –
Zwiwelewitz er zappelt noch.

Reime für die Größeren

Die aus der Fülle alter Kinderreime ausgesuchten Verse sind altes Sprachgut der Kinder, das von Generation zu Generation mündlich überliefert wurde. Von daher ist auch zu verstehen, dass die Texte immer wieder kleine Veränderungen erfuhren. Kinder liebten solche Reime, weil sie meist in scherzhaft spöttischem Ton gesprochen werden oder einen ulkigen Unfug beinhalten.

Storch, Storch
Storch, Storch, Schnibel Schnabel,
mit der langen Heuegabel,
soll ich dich in Himmel tragen?
Nein, du lässt mich fallen;
henk' ich dich an Galgen,
zieh dir alle Beiner aus,
mache mir ein Pfeifle draus,
pfeife alle Morgen,
kommen alle Storchen;
geh ich in ein Beckenhaus,
hol' einen Arm voll Wecken raus,
mir einen,
dir einen,
nur den bösen Buben keinen!

Der Kuckuck
Der Kuckuck ist a rechter Ma,
der zwölf Weiber halte ka;
de erst fegt Stuba aus,
de zweit tragt de Kutter naus,
de dritt schafft's Holz ins Haus,
de viert macht a Feuerle draus,
de fünft holt en kühle Wei,
de sechst schenkt en tapfer ei,
de siebent stellt en uf de Tisch,
de acht bacht frische Fisch,
de neunt machts Bettle weiß,
de zehnt schafft mit allem Fleiß,
de elft macht's Bettle warm,
de zwölft schläft in Kuckucks Arm.

Der Schneider und die Geiß
Der Schneider und die Geiß,
die machen eine Reis.
Da will der Schneider reiten,
da wills die Geis nicht leiden,
da nimmt der Schneider
ein' Kieselstein
und wirft der Geis eine Rippe ein;
die Hettel schreit: mäh mäh!
Gelt, es ist dir recht geschehn.

Sechs mal sechs
Sechs mal sechs ist sechsunddreißig
und der Mann ist noch so fleißig,
und das Weib ist noch so faul
wie ein alter Sattelgaul.

Liebes Annelies
Ei du liebes Annelies
geh mit in die Haselnüss;
Haselnüss sind noch nicht zeitig,
geh mit in das Besenreisig;
Besenreisig ist noch nicht dörr,
geh mit in die Heidelbeer;
Heidelbeer sind noch nicht blau,
geh mit in das Haberstroh,
Haberstroh ist noch nicht weiß,
geh mit in das Paradeis;
Paradeis ist noch nicht auf,
geh mit in den Himmel 'nauf.

Meine Mu
Meine Mu, meine Mu,
meine Mutter schickt mich her,
ob der Ku, ob der Ku,
ob der Kuchen fertig wär.
Wenn er no, wenn er no,
wenn er noch nicht fertig wär,
käm ich mo, käm ich mo,
käm ich morgen wieder her.

Eins zwei drei
Eins, zwei, drei,
alt ist nicht neu,
neu ist nicht alt,
warm ist nicht kalt,
kalt ist nicht warm,
reich ist nicht arm,
arm ist nicht reich,
ungrad ist nicht gleich,
gleich ist nicht ungrad,
ein Wagen ist kein Pflugrad,
Pflug ist kein Wagen,
singen ist nicht sagen,
sagen ist nicht singen,
tanzen ist nicht springen,
springen ist nicht tanzen,
Flöh sind keine Wanzen,
Wanzen sind keine Flöh,
ein Hirsch ist kein Reh,
Reh ist kein Hirsch,
faul ist nicht frisch,
frisch ist nicht faul,
ein Ochs ist kein Gaul,
ein Gaul ist kein Ochs,
ein Has ist kein Fuchs,
ein Fuchs ist kein Has,
die Zung ist keine Nas,
Nas ist keine Zunge,
Leber ist keine Lunge,
Lung ist keine Leber,
der Schmied ist kein Weber,
ein Weber ist kein Schneider,
ein Bauer ist kein Schreiber,
ein Schreiber ist kein Bauer,
süß ist nicht sauer,
sauer ist nicht süß,
die Händ sind keine Füß,
die Füß sind keine Händ,
Brust hat kein Ent,
Ent hat keine Brust,
Hunger ist kein Durst,
Durst ist kein Hunger,
ein Alter ist kein Junger,
ein Junger ist kein Alter,
die Bibel, die hat Psalter,
Psalter ist kein Testament:
also hat das Lied ein End.

Der Bauer schickt den Jockel aus
Der Bauer schickt den Jockel aus,
er soll den Haber schneiden.
Der Jockel schneidt den Haber nicht
und kommt auch nicht nach Haus.

Der Bauer schickt den Pudel aus,
er soll den Jockel beißen.

Der Pudel beißt den Jockel nicht,
der Jockel schneidt den Haber nicht
und kommt auch nicht nach Haus.

Der Bauer schickt den Prügel aus,
er soll den Pudel prügeln.
Der Prügel schlägt den Pudel nicht,
der Pudel beißt den Jockel nicht,
der Jockel schneidt den Haber nicht
und kommt auch nicht nach Haus.

Der Bauer schickt das Feuer aus,
es soll den Prügel brennen.
Das Feuer brennt den Prügel nicht,
der Prügel schlägt den Pudel nicht,
der Pudel beißt den Jockel nicht,
der Jockel schneidt den Haber nicht
und kommt auch nicht nach Haus.

Der Bauer schickt das Wasser aus,
es soll das Feuer löschen.
Das Wasser löscht das Feuer nicht,
das Feuer brennt den Prügel nicht,
der Prügel schlägt den Jockel nicht,
der Jockel schneidt den Haber nicht
und kommt auch nicht nach Haus.

Der Bauer schickt den Ochsen aus,
er soll das Wasser saufen.
Der Ochse säuft das Wasser nicht,
das Wasser löscht das Feuer nicht,
das Feuer brennt den Prügel nicht,
der Prügel schlägt den Pudel nicht,
der Pudel beißt den Jockel nicht,
der Jockel schneidt den Haber nicht
und kommt auch nicht nach Haus.
Der Bauer schickt den Metzger aus,
er soll den Ochsen schlachten.
Der Metzger schlacht't den Ochsen,
der Ochse säuft das Wasser,
das Wasser löscht das Feuer,
das Feuer brennt den Prügel.
der Prügel schlägt den Pudel,
der Pudel beißt den Jockel,
der Jockel schneidt den Haber
und kommt dann auch nach Haus.

Morgens früh um sechs

Morgens früh um sechs
kommt die kleine Hex,
morgens früh um sieben
schält sie gelbe Rüben,
morgens früh um acht
wird Kaffee gemacht,
morgens früh um neune
geht sie in die Scheune,
morgens früh um zehne
holt sie Holz und Späne,
feuert an um elfe,
kocht dann bis um zwölfe.
Hummerbeine, Krebs und Fisch,
hurtig Kinder, kommt zu Tisch!

Kinderpredigt

Ein Huhn und ein Hahn,
die Predigt geht an.
Eine Kuh und ein Kalb,
die Predigt ist halb.
Eine Katz und eine Maus,
die Predigt ist aus,
geht alle nach Haus
und haltet einen Schmaus.
Habt ihr was, so esst es,
habt ihr nichts, vergesst es,
habt ihr ein Stückchen Brot,
so teilt es mit der Not.
Und habt ihr noch ein Brosämlein,
so streuet es den Vögelein.

Abzählverse

Mit einem Abzählreim wird ermittelt, wer beim Spiel beginnen muss. Die Kinder stellen sich dazu am besten im Halbkreis auf. Ein Kind spricht den Vers und tupft, bei sich beginnend, die andren bei jeder Silbe an. Wer dabei übrig bleibt, bzw. wer mit der letzten Silbe des Verses angetupft wird, scheidet aus dem weiteren Abzählen aus. Wer am Schluss übrig bleibt, macht den Anfang beim Spiel. Wird ein Auszählreim in Rätselform gebraucht, muss die Lösung dem Auszähler leise ins Ohr gesagt werden.

Abzählreime

Nudelsuppe und Salat
rate, was geschlagen hat,
dreimal dreizehn
neun mal neun –
wer nicht will,
der muss es sein.

Zipp, zapp,
Knopp ist ab.
So ein Dreck –
du bist weg.

Hannchen ist allein zu Haus,
schleckt die heiße Pfanne aus,
steckt den Finger rein
fängt an zu schrein:
A E I O U –
draus bist du!

KI KA KO Kartoffelsack,
morgen ist ein Feiertag.
Gibt es Kuchen,
musst du suchen.

Bim, bam, bum
du bist dumm.
Bim, bum, bam –
du bist dran.

Eins, zwei, drei,
Butter auf den Brei,
Salz auf den Speck,
du musst weg!

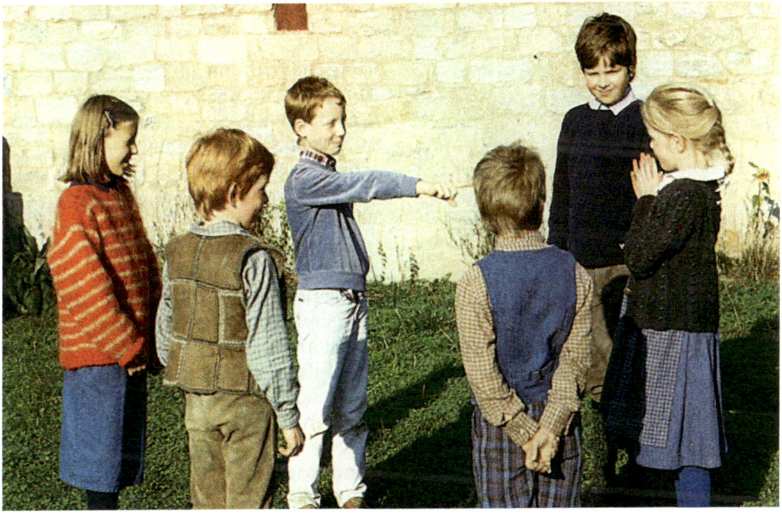

Hier wird abgezählt, wer beim Spiel beginnt.

Eins, zwei, drei, vier, fünf,
strick mir ein Paar Strümpf.
Nicht zu groß und nicht zu klein,
sonst musst du der Haschmann sein.

Eins, zwei, drei, vier, fünf, sechs, sieben,
eine alte Frau kocht Rüben,
eine alte Frau kocht Speck,
und du musst weg.

Morgens in der Frühe
treibt der Hirt die Kühe,
treibt sie über'n Steg
auf den langen Weg,
treibt sie auf die Wiesen,
wo die Blumen sprießen,
treibt sie auf die Auen,
wo die Blumen tauen,
treibt sie in die Schluchten,
wo die Blumen duften,
treibt sie in den Wald,
wo die Büchse knallt:
Plumps!

Hört, was ich euch will sagen;
der Letzte muss die Häslein jagen,
jagen über Stock und Steine,
Häslein haben schnelle Beine:
Husch, husch, husch,
springen über'n Busch,
springen hinter's Haus,
du musst heraus!

Ehne, dehne, Tintenfass,
geh in die Schul und lerne was!
Wenn du was gelernet hast,
komm zu mir und sag mir was!

Schnipp, schnapp, Schneider,
mach mir schöne Kleider.
Der Gretel eins aus Seiden,
das wird sie prächtig kleiden.
Mir ein Kleid mit Spitzen dran,
das zieh ich nächsten Sonntag an.

Neunundneunzig Schneider,
die wiegen hundert Pfund.
Und wenn sie die nicht wiegen,
dann sind sie nicht gesund.

Ich und du,
Müllers Kuh,
Müllers Esel –
der bist du!

Es wollt' ein Schmied
ein Rad beschlagen,
wie viel Nägel musst' er haben?
Rate, rate du!
Mach' die Augen zu!

Ene, dene, Ditzelchen.
Die Mutter, die kocht Schnitzelchen,
da geh' ich dran und leck,
da kommt sie mit dem Steck;
da geh' ich zu dem Knecht,
der hat gesagt, 's wär recht;
da geh' ich zu der Magd,
die hat mich ausgelacht;
da geh' ich zu der Maus,
ich oder du bist draus!

Eins, zwei, drei,
alt ist nicht neu,
neu ist nicht alt,
heiß ist nicht kalt,
kalt ist nicht heiß,
schwarz ist nicht weiß,
hier ist nicht dort,
du musst jetzt fort!

Ich bin Peter,
du bist Paul,
ich bin fleißig,
du bist faul.

Eins, zwei, drei,
du bist frei!

Abzählreime in Rätselform

In einer Kapelle
da lagen vier Bälle.
Wie sahen sie aus? (rund)

Auf einem Turm, Turm, Turm
da saß ein Wurm, Wurm, Wurm.
Wie sah er aus? (braun)

In einem Wasser
da lag ein Pfennig,
wie kommt er raus? (nass)

Hinten im Garten brennt etwas,
ist kein Feuer,
ist kein Gras.
Was ist denn das? (Brennnessel)

Ich kenn eine Prinzessin,
die trank Tee,
aß dazu Reh,
spazierte zum See,
wie hieß sie? (Therese)

Was das Echo antwortet

Was essen die Studenten?	Enten
Was isst der Herr Meier?	Eier
Wer kommt zur Fanni?	Anni
Was wollen wir nicht vergessen?	Essen
Wer war schon in Halle?	Alle
Sag doch einmal Resel!	Esel
Wer lacht da über mich?	Ich

Zungenbrecher

- Metzger, wetz dein Metzgermesser!
- In Ulm, um Ulm, um Ulm herum.
- Die Katze tritt die Treppe krumm.
- Drei Bröckle Speck und fünf Bröckle Speck sind acht Speckbröckle.
- Blaukraut bleibt Blaukraut und Brautkleid bleibt Brautkleid.
- Es gibt nicht so viel Tag im Jahr, wie der Fuchs am Schwanz hat Haar.
- Baut ein Herr Mauser in Mausdorf ein Haus, schaut aus dem Mausloch ein Mauskind heraus.
- Der dürre Dieb trägt den dicken Dieb durch das Dorf durch.
- Du hasch ja s'B'steck z'spät b'stellt!
- Zehn Ziegen zogen zehn Zentner Zucker zum Zoo.
- Schneiderschere schneidet scharf, scharf schneidet Schneiderschere.
- Morgen muss mir meine Mutter Milchmus machen.
- Kleine Kinder können keine Kirschkern knacken.
- Der Potsdamer Postkutscher putzt den Potsdamer Postkutschkasten.
- Schnalle schnell die Schnallen an die Schuhe!
- Zwischen zwei Zwetschgenbäumen zwitschern zwei Schwalben.
- Wenn Fliegen hinter Fliegen fliegen, fliegen Fliegen Fliegen nach.
- Esel essen Nessel gern, Nesseln essen Esel gern.
- Wir Wiener Waschweiber wollen weiße Wäsche waschen, wenn wir wüssten, wo weiches, warmes Wasser wär'.
- Hinters Hannesa Hosehaus hange hundert Hose raus. Hundert Hose hange raus hinters Hannesa Hosehaus.

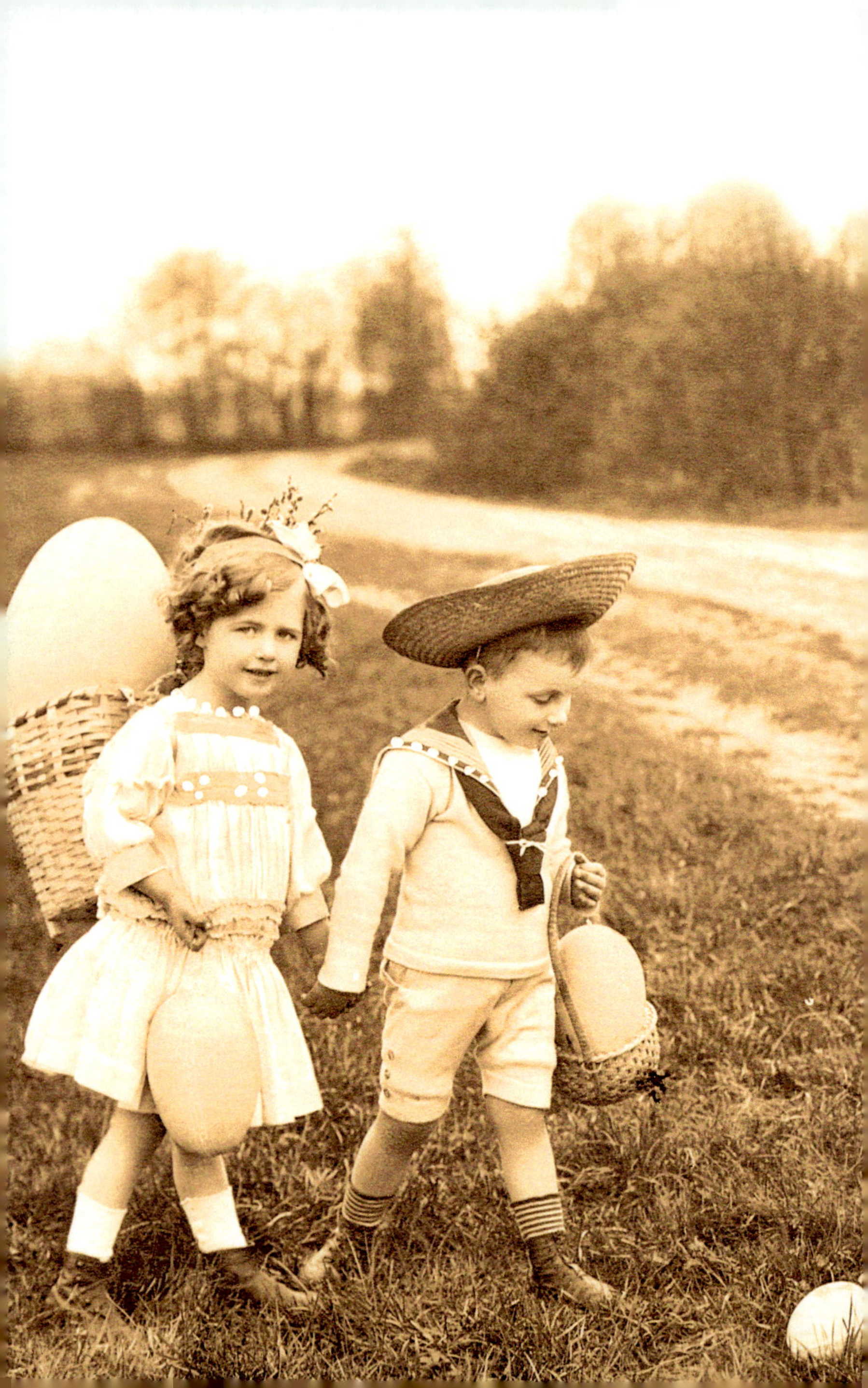

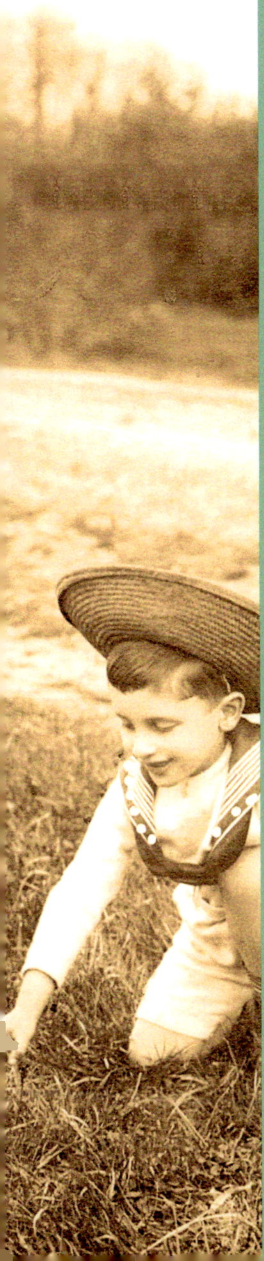

Spiele und Bräuche für Festtage

Der Jahresrhythmus

Die Lebens- und Arbeitswelt unserer Vorfahren war vom jahreszeitlichen Rhythmus geprägt. Die Menschen haben im Einklang und in Abhängigkeit von der Natur ihrem Leben Regelmäßigkeit gegeben. Sie waren mit Feld, Haus und Hof auch deshalb so eng verbunden, weil sie oft über Generationen hinweg dort gelebt und gearbeitet haben. Der Sohn hat die gleiche Arbeit verrichtet wie der Vater und der Großvater; er hat die gleichen Lebensgewohnheiten wie seine Vorfahren. So konnten sich alte Sitten und Bräuche erhalten, sind gepflegt und weitergegeben worden.

Festtage waren Höhepunkte im bäuerlichen Jahresablauf, nicht zuletzt auch für die Kinder: Sie bekamen besseres Essen, durften am Abend etwas länger aufbleiben, hatten mehr freie Zeit zum Spielen, mussten sich nicht so sehr der strengen Überwachung der Erwachsenen unterziehen, und, was bis ins Alter unvergessen blieb, sie durften sich für die paar Pfennige, die sie gelegentlich geschenkt bekamen, auf dem Jahrmarkt eine Süßigkeit kaufen.

Die Bräuche zu den verschiedenen Festen und Ereignissen waren aber durchaus keine Spiele für Kinder, sondern tief im Glauben oder auch im Aberglauben verwurzelte Handlungen. Advents- und Weihnachtsbräuche, Bräuche in Verbindung mit dem Viehaustrieb oder der Ernte oder Hochzeitsbräuche waren Sache der Erwachsenen, und Kinder hatten in der Familie daran teil.

Außer den Osterspielen sind uns keine weiteren Kinderspiele bekannt, die mit Brauchtum unmittelbar in Verbindung zu bringen sind. Es sind uns jedoch eine ganze Reihe Reime und Lieder überliefert, die sich auf alte Bräuche beziehen, die aber nichts mit Spielen im eigentlichen Sinn zu tun haben. Es sind Verse, mit denen die Kinder beim Besuch der Paten oder der Großeltern ihre Glückwünsche aussprachen. Es sind Lieder zum Martins- und Dreikönigstag, und es sind Reime, die von den Kindern gesungen wurden, wenn sie an den Klopfnächten im Advent von Haus zu Haus zogen, um sich Gaben zu erbitten.

Martinstag

Zu Martini, am 11. November, waren die Arbeiten in Feld und Garten abgeschlossen. Es begann die Zeit der langen, dunklen Abende, die die Familie am warmen Ofen in der Stube zusammenführte.

Martini war im bäuerlichen Jahreslauf ein wichtiger „Lostag“. Pacht, Zins und Arbeitslohn wurden fällig. Meist war es der erste Schlachttag vor dem Winter, an dem es auch den Gänsen an den Kragen ging. Schmackhaft zubereitet kamen sie, vor allem in großbäuerlichen Familien, an diesem Tag auf den Tisch.

Allerlei Brauchtum verband sich mit dem Martinstag, das sich teilweise bis in unsere Tage erhalten hat. So wird auch heute noch in vielen Orten der Martinsritt durchgeführt, begleitet von einem Zug Laternen tragender Kinder. Auch dort, wo kein Martinsumzug stattfindet, ziehen bei Einbruch der Dunkelheit die Kindergartenkinder mit ihren bunten Laternen singend durch die Straßen.

Anstelle der Laternen haben sich die Kinder früher auf dem Dorf einen Rübengeist geschnitten, der gespensterhaft in die Nacht blickte (siehe Seite 101). Wenn sie ihn auf einen Stock steckten, konnten Kinder mit dem Rüben- oder Kürbisgeist auch durch die Straßen ziehen. In einigen Gegenden gibt es auch heute noch beim Bäcker „Martinsschiffle", ein Hefegebäck in Schiffchenform. Dieses Gebäck oder ein ähnliches Gebildbrot schenkten Eltern und Paten einst den Kindern.

Ein schöner Brauch im Fränkischen war das Erscheinen des „Nussmärte", den die Kinder allerdings nie zu Gesicht bekamen. Er klopfte am Abend, wenn alles in der Stube saß, an die Tür und warf durch einen schmalen Spalt ein Säckchen Nüsse herein. Schnell waren die Kinder dabei, die Nüsse zu knacken oder damit zu spielen.

Martinslieder
Laterne, Laterne,
Sonne, Mond und Sterne!
Brenne auf, mein Licht,
brenne auf mein Licht,
aber nur meine liebe Laterne nicht!

Ich geh' mit meiner Laterne
und meine Laterne mit mir.
Da oben leuchten die Sterne,
hier unten leuchten wir.
Mein Licht geht aus,
wir gehn nach Haus.
Rabimmel, rabammel, rabum!

Martin ist ein frommer Mann.
Zündet ihm die Lichter an,
dass er's droben sehen kann,
der viel Gutes hat getan.

Martin ist ein lieber Mann.
Stimmet ihm die Lieder an,
dass er's droben hören kann, der viel
Gutes hat getan.

Der beste Vogel, den ich weiß,
das ist die fette Gans,
die hat zwei breite Füße,
dazu den langen Hals,
und noch ihr Stimmelein süße
und ihre gelben Füße
und dazu ihr Gesang:
Gigack, gigack, gigack.
So singen auch wir am Martinstag.

Klopfnächte

So heißen die drei letzten Donnerstage vor Weihnachten. An diesen Tagen zogen die Kinder durch die Gassen, klopften an Fenster und Türen und baten mit ihren Versen um Äpfel, Nüsse und Backwerk.

Der Brauch wird unterschiedlich gedeutet. Die einen sehen seinen Ursprung in den Lärmumzügen vorchristlicher Zeit zur Vertreibung böser Geister. Die andern bringen diese Klopfnächte mit der Verehrung des germanischen Donnergottes Donar in Verbindung, von dem der Donnerstag seinen Namen hat. In den kleinen Dörfern und Städtchen Hohenlohes ist dieser Brauch bis in die 50er-Jahre unseres Jahrhunderts gepflegt worden. Aus den vielen überlieferten Anklopfversen wurden die folgenden ausgesucht:

Ouklopfa Hämmerle,
's Brot leit im Kämmerle,
's Messer leit dernewe,
sollst mr a Stickle gewe.
Äpfel raus, Bire raus,
gäh i widder in a anders Haus.

Jetzt kommt die heil'ge Weihnachts-
zeit,
die macht uns eine große Freud;
gebt uns doch nur ein klein Geschenk,
dass Jesus Christus an Euch denk!

Die Rosen, die Rosen,
die wachsen auf dem Stock.
Der Herr ist schön,
der Herr ist schön –
die Frau ist wie a Dock.

Ouklopfa heiliche Nacht, d'Bäure hat
Hutzel gmacht.
Ei, so lasst mes a versucha, fiert me no
an eier Trucha,
trochet mers im Näpfle raus, wall i
stäh allo dohaus.
Nachbarsbäsle gebt mr viel, awer net
mim Besastiel.
Lasst me net z'lang hausa stei, i muass
heit noch weiter gei.

Droben in der Hausfirst
hängen die langen Mettwürst,
gebt uns von den langen,
lasst die kurzen hangen,
sind sie etwas kleine,
gebt uns zwei für eine,
sind sie ein wenig zerbrochen,
so sind sie leichter kochen,
sind sie etwas fett,
je besser es uns schmeckt.

Klopf an, klopf an,
d' Bäure hat den schönsten Mann,
den schönsten und den reichsten,
die tun einander gleichen.

Jetzt bitt i um a Äpfele,
jetzt bitt i um a Nuss,
noa geit der Bauer der Bäuere
an rechta scheana Kuss.

Neujahr

Die Kinder besuchten an Neujahr Großeltern und Paten, auch die Verwandtschaft im Dorf. Dabei sprachen sie in Versen ihre Glückwünsche aus. Sie durften dafür ein kleines Geschenk erwarten, zum Beispiel etwas Geld, meist aber ein spezielles Gebäck aus Hefeteig (Neujahrsbrezel, Neujahrsring).

Neujahrswünsche
Ich bin ein kleiner Mann,
der nicht viel wünschen kann.
Prosit Neujahr!

Mein Wunsch soll kürzlich dieser sein:
Ich kann nicht viele Worte machen,
Gott segne Euch in allen Sachen
und nehme weg den Kummerstein,
der soll in Gold verwandelt sein!
Prosit Neujahr, Dout (Pate)!

Ein neues Jahr voll Sonnenschein,
voll Äpfel und Birnen und Korn und
Wein!
Uns allen viel Arbeit und freie Zeit
und dem Garten ein neues, grünes
Kleid.
Ein neues Weihnachten auch dabei,
mein Spielzeug ist schon heute ent-
zwei. (Carl Ferdinands)

Ich wünsche Euch von Herzensgrund
ein neues Jahr zu dieser Stund,
ein neues Jahr, viel Wonn' und Freud,
viel Glück und auch viel Seligkeit!
Gott lass Euch viele Jahr erleben
und endlich in den Himmel schweben!
Dies ist mein Wunsch zum Neuen Jahr.
Herr Jesu, mach's gewisslich wahr!
Prosit Neujahr!

Dreikönig

In katholischen Orten Süddeutschlands war es auch schon um die Jahrhundertwende Brauch, dass Kinder und Jugendliche am Dreikönigstag als „Sternsinger" (drei Könige mit dem Stern) durch den Ort zogen, um vor den Häusern ihre Lieder zu singen. Sie wurden dafür mit etwas Geld oder Gebäck beschenkt. Heute organisiert die katholische Kirche diese Sternsingeraktion. Das gespendete Geld fließt in die Mission.

Sternsingerlieder
Wir wollen heut singen
Gott Lob und Dank,
hier kommen die Weisen
aus Morgenland!
Aus Morgenland, aus Sonnenland,
da, wo die Sonn' am höchsten stand.

Wir haben's gehört, es ist uns neu,
dass uns ein Kind geboren sei,
ein kleines Kind, ein großer Gott,
der Himmel und Erde erschaffen hat.

Wir gingen wohl über den Berg herfür
und kamen wohl vor des Herodes Tür,
Herodes in dem Fenster lag,
als er die Weisen kommen sah.

Herodes fragte mit Schimpf und Spott:
Ach Gott, wo ist das dritte Wort?
Das dritte Wort ist ungenannt,
hier kommen drei Weise
aus dem Morgenland.

Wir gingen nach Bethlehem
auf den Höhn,
da blieb der Stern wohl stille stehn,
wohl stille stehn, wohl stille stehn,
da blieb der Stern wohl stille stehn.

Da gingen wir in das Haus hinein
und fanden Maria und das Kindelein.
Da taten wir unsere Schätze auf
und schenkten dem Kinde
Gold, Weiherauch.

Die heiligen drei Könige
mit ihrem Stern,
sie krachen die Nüsse
und essen den Kern,
sie werfen die Schalen
zum Fenster hinaus,
da kommen die Hühnlein
und picken sie aus.

Die Heiligen Drei Könige
sind hoch gebor'n;
Sie reiten daher mit Stiefel
und Sporn;
Sie reiten vorbei an Herodes
sein Haus.
Herodes schaut zum Fenster heraus.

„Kehrt ein! Kehrt ein! Ihr Weisen drei!
Ich will euch geben Stroh und Heu;
ich will euch geben
einen gedeckten Tisch,
wenn ihr mir sagt,
wo das Kindlein geboren ist."

Wir haben keine Rast,
wir haben keine Ruh,
wir müssen noch heute
nach Bethlehem zu!
Nach Bethlehem in die Davidstadt,
wo Maria das Jesuskindlein
geboren hat.

Krapfen heraus! Krapfen heraus!
Oder wir schlagen ein Loch ins Haus!

Osterspiele

Gefärbte Ostereier gibt es schon seit dem 13. Jahrhundert, sie waren Fruchtbarkeitssymbol. Ursprünglich waren die Eier nur rot gefärbt, weil man glaubte, dass die rote Farbe Hexen und böse Geister vertreibe.

Nach dem Ostereiersuchen und nach dem Besuch bei Großeltern und Paten besaßen die Kinder viele bunte

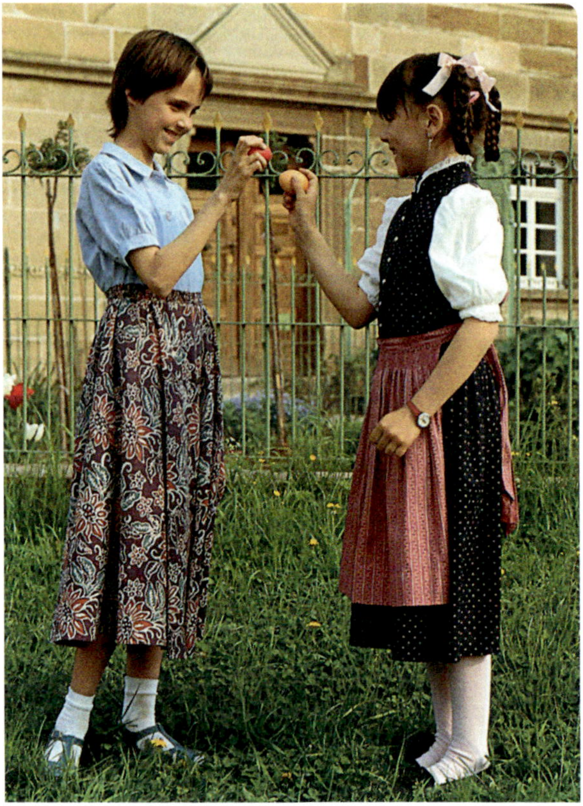

Das Eierdotzen ist ein beliebtes Spiel am Ostersonntag.

Ostereier, die für sie, vor allem am Ostersonntag, das schönste Spielzeug darstellten. Erst wenn die Eier angeschlagen, also kaputt waren, haben die Kinder sie aufgegessen.

Eierwerfen

Auf einer Wiese oder einer sandigen Spielfläche wird ein Kreis von etwa einem Meter Durchmesser markiert. Die Abwurflinie ist etwa 10 bis 15 Meter davon entfernt. Jedes Kind versucht, von dieser Linie aus ein Ei in den Kreis zu werfen. Es sollte so vorsichtig geworfen werden, dass das Ei ganz bleibt. Wer sein Ei unbeschadet in den Kreis trifft, bekommt als Preis alle außerhalb des Kreises liegenden Eier und das eigene Ei.

Eierrollen

Die Kinder stellen sich an einem Wiesenabhang auf. Auf das Startzeichen eines Spielers lassen alle ein Ei den Abhang hinabrollen. Der, dessen Ei am weitesten gerollt ist, darf die Eier der anderen Spieler behalten.

Eierdotzen

Zwei Spieler stehen sich gegenüber. Jeder hält ein Osterei in der Hand. Nach vorausgegangenem Neckspiel stoßen sie die spitzen oder stumpfen Enden der Eier (das wird vorher abgesprochen) gegeneinander. Der Spieler, dessen Ei dabei ganz bleibt, bekommt das eingedrückte des anderen.

Eierkullern

In den Sand oder in die lockere Erde machen sich die Kinder eine flache Mulde. Ein Kind behält sein Ei zurück, alle anderen legen das ihre in die Mulde. Der Spieler, der das zurückbehaltene Ei hat, rollt dies aus einer bestimmten Entfernung in die Mulde. Trifft er auf ein Ei, darf er dies behalten.

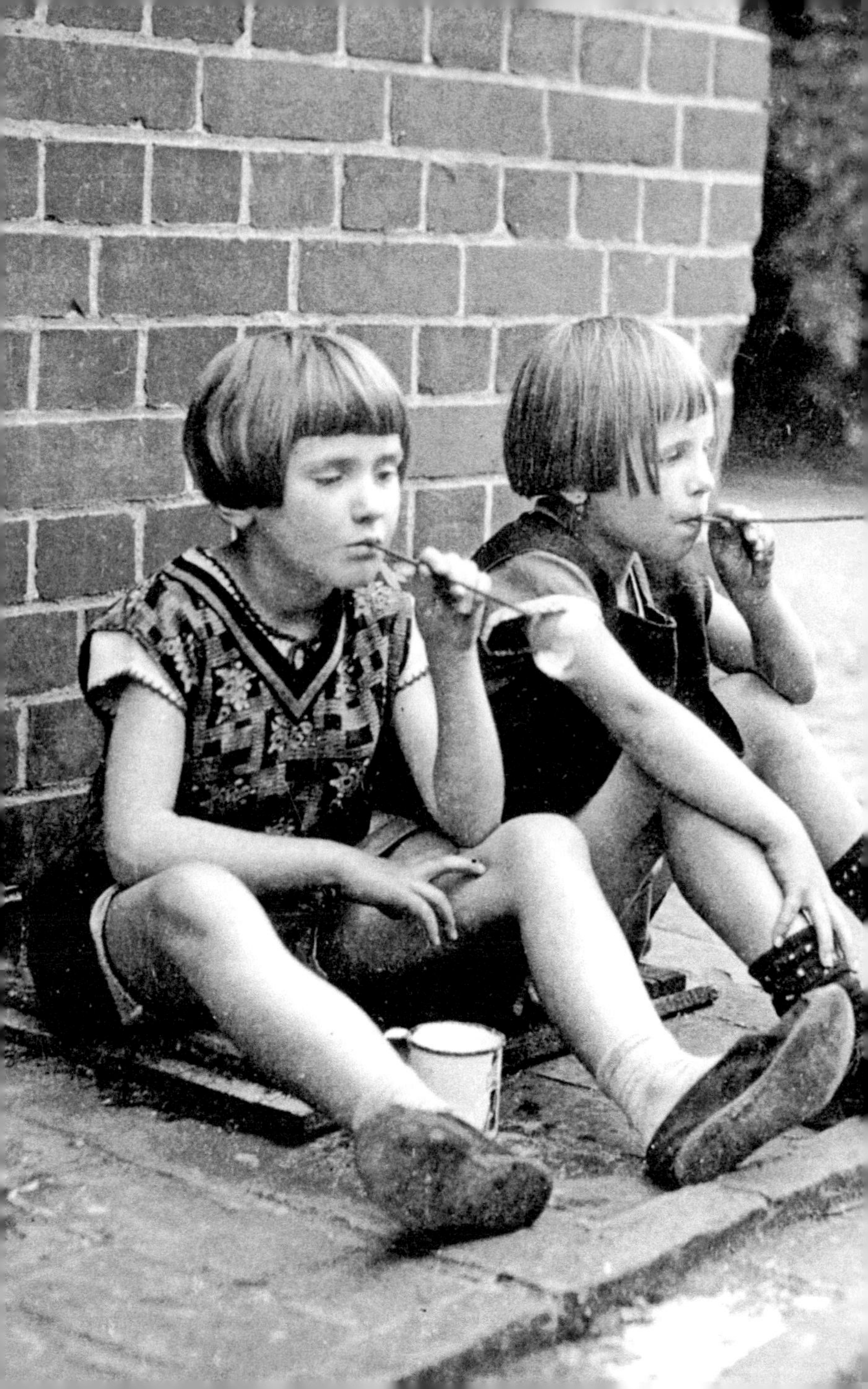

Selbst gefertigtes Spielzeug

Basteln und Spielen mit Naturmaterial

Sicher war das ursprüngliche Spielzeug der Kinder aus Naturmaterial. Spielmaterial aus Blüten, bunten Blättern, Gräsern, Früchten, Wurzeln, Rinde, Moos und Steinchen bot die Natur in Hülle und Fülle, und an Fantasie fehlte es den Kindern nicht. Allein die Vielfalt der Farben und Formen lockte zum Sammeln und zum Gestalten. Hirten- und Bauernkinder, die sich die Natur zum Spielzimmer machten, haben sich mit solchem Spielmaterial intensiv beschäftigt und waren dabei sehr erfinderisch, diesen Dingen Leben zu geben. Vieles entstand aus der Spontaneität heraus und diente oft nur dem Augenblick. Manches war nur von kurzer Lebensdauer, da es schnell verwelkte, vertrocknete oder faulte. Immer wieder bekamen sie Anregungen, Neues entstehen zu lassen, weil sie als Dorfkinder das Material in greifbarer Nähe hatten. So entstanden aus Blüten und Früchten Ketten und Kränze, aus Blättern Körbchen und Kronen. Die Buben schnitzten im Frühling ein Pfeifchen aus Holunderzweigen oder Weiden. Kastanien und Kiefernzäpfchen wurden zu Männchen und Tieren. Aus Eicheln machten sie kleine Kobolde, und die Rübe wurde im Herbst zur Laterne.

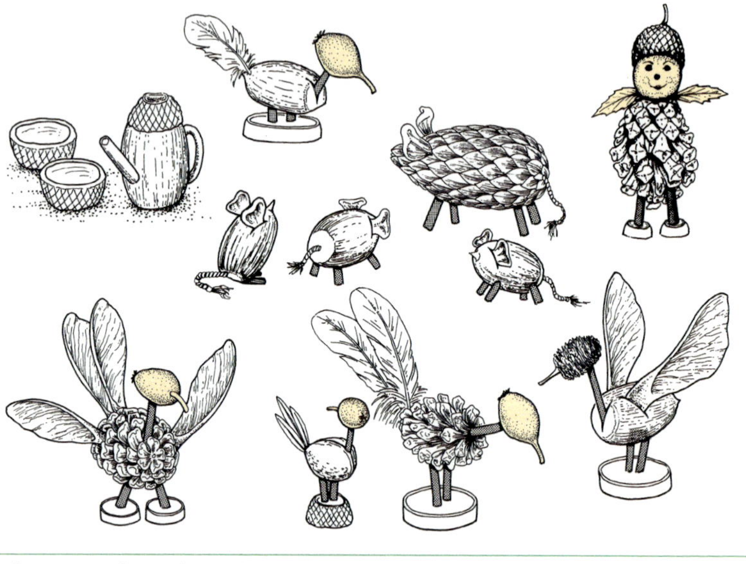

Spielzeug aus Kiefern-, Erlen- und Tannenzapfen, Eicheln und Ahornsamen.

Ketten und Kränzchen aus Blumen

Wenn an sonnigen Frühlingstagen die Mädchen in einer blühenden Wiese sitzen, haben sie natürlich auch das Bedürfnis, sich mit dieser bunten Pracht zu schmücken. Wiesenschaumkraut, Gänseblümchen, Löwenzahn, Margeriten, aber auch viele andere Blumen lassen sich gut zu Kränzchen oder Ketten verarbeiten und sehen im Haar der Mädchen oder als Ketten um den Hals gehängt sehr hübsch aus. Die Blumen können geflochten, gebunden, aneinander gesteckt oder wie Glieder einer Kette ineinander gefügt werden. Zum Flechten eignen sich am besten Margeriten und Löwenzahn, weil sie große Blütenköpfe und elastische Stängel haben. Die Flechtkränzchen sind am einfachsten zu machen, denn sie werden geflochten wie ein Zopf. Es ist nur darauf zu achten, dass gleichmäßig verteilt immer wieder eine neue Blüte hinzugenommen wird (siehe Abb. unten). ist der Zopf lang genug, wird er mit einem Blütenstängel zum Kranz geschlossen.

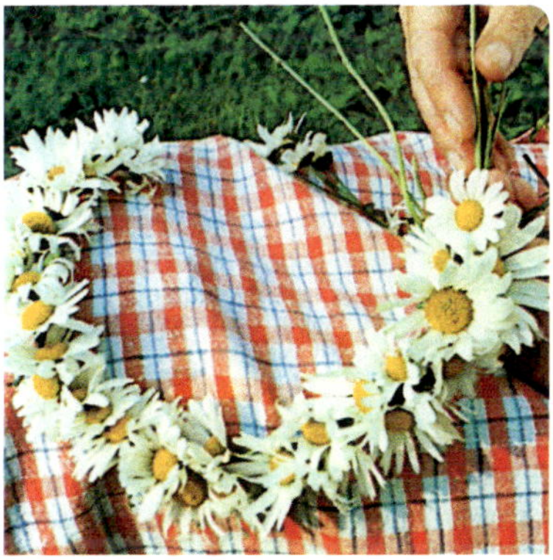

Margeriten werden zum Kranz geflochten.

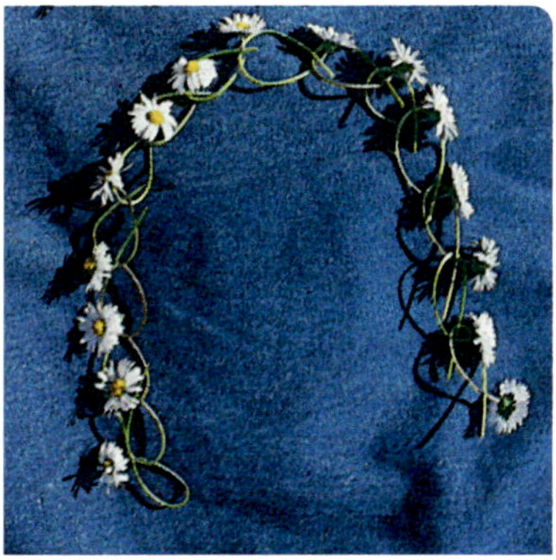

Eine Kette aus Gänseblümchen ist ein zartes Gebilde.

Ketten aus Gänseblümchen

Es werden möglichst langstielige Gänseblümchen verwendet. Durch die Blütenköpfchen und den Stiel wird von oben nach unten mit einem dürren Ästchen ein kleines Loch gestochen. Der Stiel des Blümchens ist von unten durch dieses Loch zu führen (er steht im Blütenköpfchen etwas vor). Nun ist das nächste, schon vorgelochte Blümchen, wie das Glied einer Kette in diesen Ring zu hängen, indem der Stiel wieder von unten nach oben durch die Blüte gesteckt wird. So ist eine Blume an die andere zu hängen, bis die Kette so lang ist, dass sie um den Hals gelegt werden kann. Eine solche Kette können sich die Mädchen auch als Kranz auf das Haar setzen, sie wird dann entsprechend kürzer gemacht.

Die Gänseblümchen und noch viele andere Blumen lassen sich auch auf andere Art zu Ketten verarbeiten. Die Stiele werden knapp unter dem Blütenkopf mit dem Fingernagel eingeschlitzt. Durch diesen Schlitz ist der

Stiel einer weiteren Blume zu ziehen. Auch dieser bekommt unterhalb der Blüte mit dem Fingernagel eine Öffnung, in die ebenfalls wieder eine Blume durchzustecken ist. Es wird auf diese Art so lange Blüte an Blüte gefügt, bis die Kette die gewünschte Länge hat.

Phlox-Kette
Im Sommer, wenn der Phlox blüht (man nennt ihn auch Feuerblume), können die Kinder sich oder ihren Puppen bezaubernd schöne Blumenketten umhängen.

Von den buschigen Blütenstängeln werden die einzelnen Blütchen abgezupft und ineinander gesteckt, bis die gewünschte Länge erreicht ist. Die Kette wird zum Kranz geschlossen und vorsichtig umgehängt.

Werden Blüten in verschiedenen Farbtönen aneinander gereiht, entstehen Ketten in besonders prächtiger Ausführung.

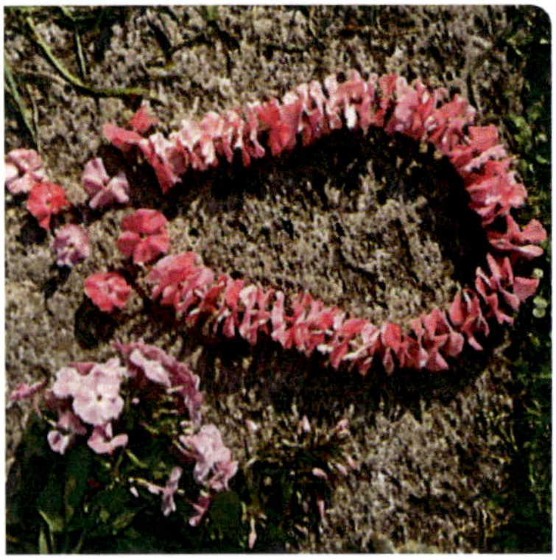

Viele ineinandergesteckte Phloxblüten werden zu einer kostbar wirkenden Kette.

Blumenohrringe
Ein Schmuckstück aus Blumen entsteht auf ganze einfache Weise: Eine Löwenzahnblüte wird abgepflückt und der weiße Saft, der als Klebstoff dient, auf eine Gänseblümchenblüte oder eine Hahnenfußblüte getupft. Die Blüte wird sofort auf das Ohrläppchen gedrückt, kurz angepresst und der Ohrschmuck ist fertig.

Blumenfingerring
Ein Blumenfingerring ist schnell hergestellt. Ein Gänseblümchen, eine Hahnenfußblüte, eine Kornblume oder eine andere Blüte wird kurzstielig abgepflückt, je nach Stärke des Fingers. Der Stängel wird mit dem Daumennagel etwas eingeschlitzt und das Ende des Blütenstängels durchgesteckt. Schon haben wir einen Blütenfingerring.

Spiele mit Löwenzahn
Wenn der Löwenzahn Wiesen und Wegränder gelb färbt, wird diese Blume, man nennt sie auch Sonnenwirbel, Lichterblume oder Pusteblume, zum Spielmaterial der Kinder. Keine andere Blume zieht Kinder so an. Was lässt sich nicht alles aus Blüten, Stängel und Samen dieser Löwenzahnblume machen!

Kränze und Ketten
Die größeren Mädchen flechten mit geschickten Händen bezaubernde Kränze.

Kleinere Mädchen legen sich gerne eine Löwenzahn-Armbanduhr an. Dazu machen sie mit dem Daumennagel einen kleinen Schlitz in den Stängel unterhalb der Blüte. Sie schließen

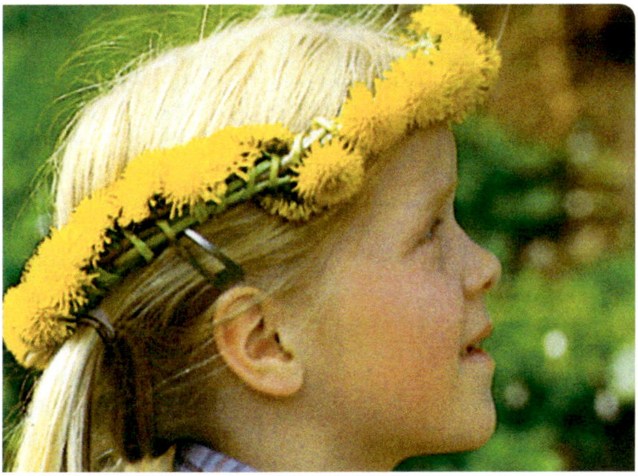

Stolz trägt Eva ihr selbst gefertigtes Kränzchen aus Löwenzahn.

die „Uhr", indem sie den Stängel um das Handgelenk legen und das Ende des Stieles durch die Öffnung ziehen.

Andere mögen vielleicht eine Löwenzahnkette umhängen. Dazu sind nur die Stängel der Blume notwendig. Es wird einfach das dünnere Ende des Stängels in das dickere hineingesteckt. Wir haben nun einen kleinen Ring. Der nächste Stängel wird, ehe er ebenso geschlossen wird, durch diesen Ring geführt. Wenn wir so Ring an Ring fügen, kann so eine endlos lange Kette entstehen.

Spiele mit Löwenzahnstielen

Kinder legen gerne geschlitzte Stängel ins Wasser. Die Stängelröhrchen schneiden sie auf beiden Seiten ein, legen sie kurze Zeit in ein mit Wasser gefülltes Gefäß oder in ein Bächlein und nun können sie beobachten, wie die Stängel sich im Wasser verformen und allerlei lustige gekringelte Figuren annehmen, die teilweise sogar wie kleine Männchen aussehen. Halbierte Stängel ins Wasser gelegt, nehmen die Form einer Brille an, die sogar auf die Nase gesetzt werden kann.

Pustespiele

Wenn der Löwenzahn verblüht ist und sich die Samen bilden, wenn die Wiesen mit einem weißen Schleier überzogen sind, nennen die Kinder die Pflanze Pusteblume oder Lichter. Sie pflücken sie vorsichtig ab, halten sie dicht an den Mund und sprechen:

> Paule, Paule, pupp, pupp, pupp!
> Koch mir eine Wassersupp!
> Aber nicht zu dick!
> Dass ich nicht verstick!

Das „P" muss ganz hart gesprochen werden, damit viele Samen weggepustet werden. Wenn sie um die Wette pusten, hat der gewonnen, der seine Blume als Erster leer geblasen hat.

Pfeifchen aus Löwenzahn

Das Löwenzahnpfeifchen ist so einfach, dass es selbst von kleineren Kin-

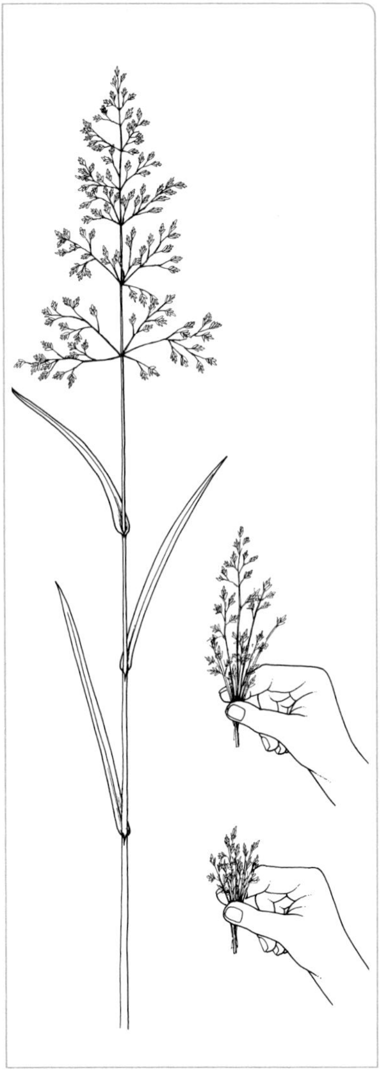

Hahn oder Henne: Beim Abstreifen der Rispe bleibt entweder ein kurzes (Henne) oder langes (Hahn) Sträußchen.

dern gemacht werden kann. Ein etwa 4 bis 5 cm langes Stück eines Stängels wird an einem Ende flach gedrückt. Den flach gedrückten Teil steckt man in den Mund und bläst kräftig hinein. Es entstehen ganz unterschiedliche Töne, je nachdem, wie stark geblasen wird. Dickere Stängel ergeben einen tieferen, dünnere einen höheren Ton. Wegen der Eigenartigkeit der Töne nennen Kinder dieses Pfeifchen auch „Furzerle".

Orakel

Mädchen spielten gerne mit Blüten von Margeriten und Gänseblümchen. Es waren ihre Orakelblumen, die ihnen ihre persönliche Zukunft vorhersagten. Sie zupften deren Blütenblätter der Reihe nach aus und sprachen dabei:

> Er liebt mich, von Herzen
> mit Schmerzen
> über alle Maßen
> kann's gar nicht lassen
> ganz rasend
> ein wenig
> gar nicht

Diesen Spruch haben sie so oft wiederholt, bis das letzte Blatt übrig blieb. Denn das letzte noch übrig gebliebene Blütenblatt entscheidet über Liebe, Hochzeit, Glück oder Unglück.

Auch die gelben Blütenstempel wurden befragt. Ausgezupft werden sie auf die Handfläche gelegt, mit der anderen Hand wird von unten gegen den Handrücken geklatscht, sodass die Blütenstempel hochfliegen. Die jetzt noch in der Hand liegenden Blütenkrümel bestimmen die Anzahl der zukünftigen Kinder. Diejenigen, welche zwischen die Finger gefallen sind, werden sterben. Die Mädchen probierten natürlich so lange, bis ein befriedigendes Ergebnis herauskam.

Hahn oder Henne

Beim sonntäglichen Spaziergang mit den Eltern, der sie durch Wiesen und Felder führte, wurde gerne „Hahn oder Henne" gespielt. Ein Rispengrashalm wird abgepflückt und dem Mitspieler vorgehalten. Dabei fragt man: „Willst du Hahn oder Henne?" Der Gefragte äußert seinen Wunsch. Nun streift der Fragende die Rispen des Grashalmes mit Daumen und Zeigefinger ab. Sind die Rispen zwischen den Fingern lang und geformt wie die Schwanzfedern eines Hahnes, ist er Hahn. Sind die Rispen kurz geraten, ist er eine Henne. Dies wird mehrmals wiederholt. Wer am meisten seinem Wunsche gerecht wird, ist Sieger.

Frühlingsflöte

Fast vergessen ist die Flöte aus Weide, Esche oder Holunder. Im Frühling, wenn die Knospen sprießen, ist die richtige Zeit zum Schnitzen einer Flöte.

Ein glatter, astloser Zweig, etwa 1 bis 1,5 cm dick und 15 cm lang, wird abgeschnitten (1).

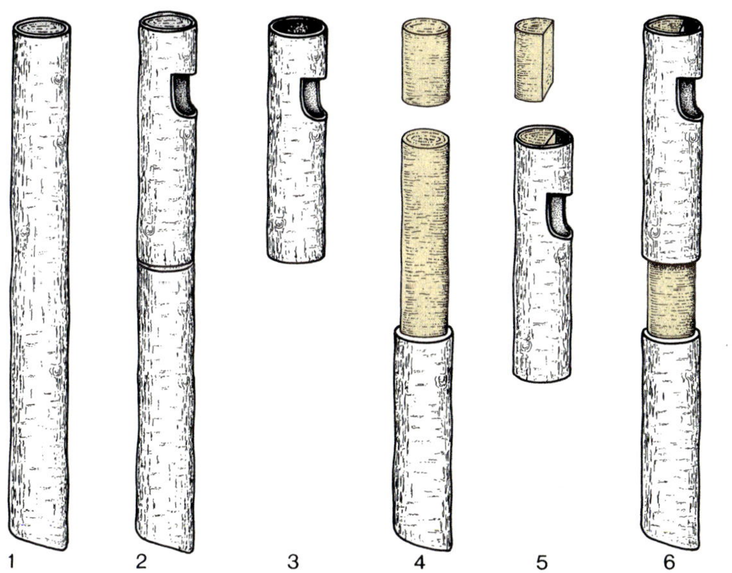

Frühlingsflöte aus Weiden-, Eschen oder Holunderholz.

Nun macht man in die Rinde ringsherum mit dem Taschenmesser einen Einschnitt bis zum Holz. Etwa 2 cm vom oberen Rand wird eine Kerbe für das Luftloch eingeschnitten (2).

Das obere Stück wird mit dem Messergriff vorsichtig auf dem Knie geklopft, und zwar so lange, bis sich die Rinde löst. Man braucht dabei etwas Geduld (3) und es gelingt nur, wenn das Holz ganz frisch ist.

Das Kernholz schneidet man bis zur Einkerbung quer durch und flacht es an einer Seite ab. Dies ist für den Luftkanal der Flöte.

Das abgeflachte Stückchen Holz wird in die Röhre bis zur Kerbe oben hineingeschoben. Das ist das Mundstück (4 und 5).

Die Röhre wird nun wieder auf das Kernholz gesteckt, die Flöte ist fertig (6).

Nun kann auf der Flöte geblasen werden. Je weiter man das untere Stück nach oben schiebt, umso heller wird der Ton. Schiebt man es nach unten, wird der Ton tiefer. Geübte können sogar eine Melodie darauf spielen.

Wiesenkerbelflöte

Von dem im Frühsommer blühenden Wiesenkerbel wird ein dickes, gerades und noch saftiges Stück des Stängels abgeschnitten, und zwar unterhalb des Wachstumsknotens. Die Flöte bleibt am unteren Ende durch den Knoten verschlossen. Mit dem Taschenmesser ritzt man nun sorgfältig einen etwa 10 cm langen Schlitz in die Mitte des Stängels. Dabei ist darauf zu achten, dass nicht der ganze Stängel durchgeschnitten wird. Oben und unten bleibt der Stängel 2 cm geschlossen. Wenn nun kräftig in die Flöte geblasen wird, entsteht ein seltsamer Ton. Die Höhe der Töne hängt von der Länge und der Dicke des Kerbelstängels ab.

Mit solchem Spielzeug haben sich die Kinder beim Hüten der Tiere die Zeit vertrieben.

Mohnpüppchen

Im Frühsommer, wenn das Getreide zu reifen beginnt, ist er schon von weitem zu sehen, der scharlachrote Feldmohn. Vom Rand eines Ährenfeldes, oder auch von Schutthalden, wo Mohn häufig blüht, dürfen sich die Kinder gerne ein paar Stängel für ihre Mohnpüppchen abpflücken. Sie brauchen dazu nicht die aufgeblühte Blume, sondern nur die Knospen und die Samenkapseln.

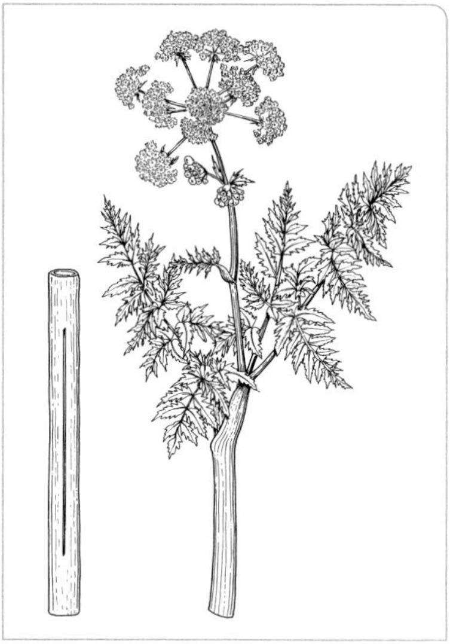

Wiesenkerbel und Flöte aus einem geraden Stück des Stengels.

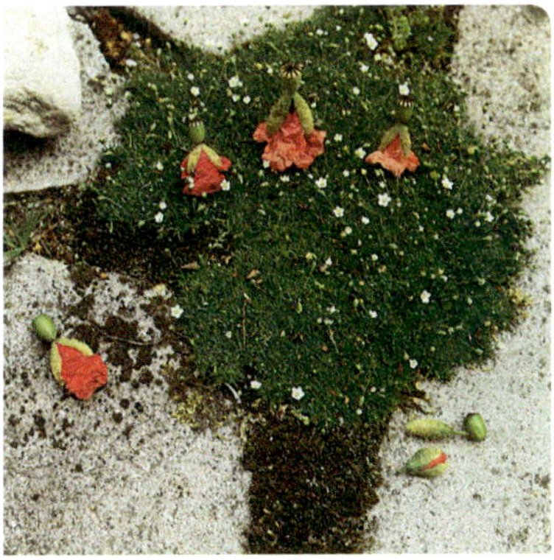

Mohnpüppchen – anregendes, wenn auch leicht vergängliches Spielzeug.

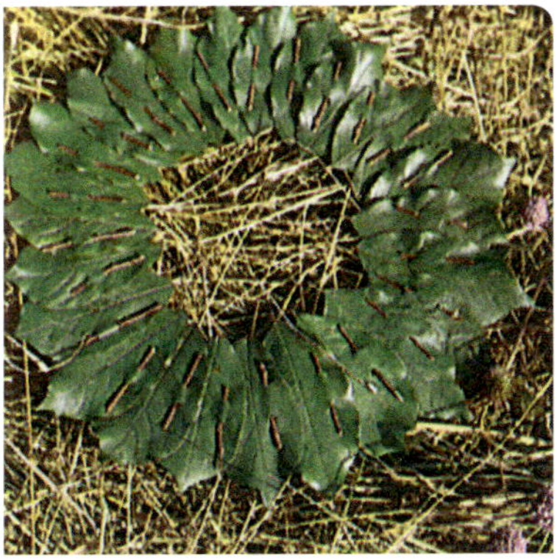

Kräftige, glatte Blätter eignen sich am besten für einen Kranz.

Die möglichst dicke Knospe wird so abgeschnitten, dass noch ein Stückchen Stiel (etwa 1 cm) an ihr ist. Eine kleine Samenkapsel bohren wir mit einem dürren Ästchen von unten her etwas an; sie dient als Kopf. Mohnknospe und Mohnkopf werden zusammengesteckt. Die grünen Kelchblätter der Knospe nehmen wir vorsichtig auseinander, sie sind das Mäntelchen. Die zum Vorschein kommenden roten Blütenblätter falten wir vorsichtig als Kleid auseinander. So können ganze Familien, ja sogar Festgesellschaften, die rauschende Ballnächte erlebten, entstehen und vor allem die Mädchen zum Spielen anregen.

Spiele mit Blättern

Das Spiel mit Blättern ist bestimmt schon sehr alt. Kinder, die sich viel in der freien Natur aufhalten, finden schnell heraus, was sie mit den verschiedenen Blättern alles anfangen können.

Sie basteln aus frischen Blättern Kränze, Kronen, Blätterkörbchen und Becher, sie gestalten Bilder von Tieren, Männchen und andere Gegenstände, zu denen sie auch die bunten Herbstblätter verwenden.

Blätterkrone und Blätterkranz

Für eine Blätterkrone sucht man sich im Wald oder Garten schön geformte Blätter aus. Mit kleinen trockenen Ästchen oder Kiefernadeln werden sie zusammengehalten. Die Blätter legt man schuppenförmig übereinander und steckt sie aneinander fest, bis eine Krone für die entsprechende Kopfgröße entsteht. Mit ein paar Blümchen ausgeschmückt, sieht diese dann aus wie mit Perlen besetzt.

Auf ähnliche Weise entsteht ein Blätterkranz, nur werden die Blätterm mit ihren eigenen Stielen zusammengesteckt. Daher sollte man sich Blätter mit einem möglichst langen und festen Stiel suchen. Ein Blatt wird zur Hälfte umgeknickt und der Stiel durchgesteckt. Danach wird ein zweites Blatt mit der Rückseite daruntergelegt, wobei der Stiel nun durch beide Blätter zu stecken ist. Es wird so fortgefahren, bis der Kranz groß genug ist und geschlossen werden kann.

Blätterkörbchen

Wem ist es nicht schon passiert, dass er beim Spaziergang im Wald plötzlich auf einen Beerenplatz gestoßen ist? Zu gerne hätte man von diesen Früchten welche mit nach Hause genommen, doch wie soll das gehen ohne Gefäß?

Mit einem Blätterkörbchen ist in solchen Fällen gut zu helfen. Es ist schnell hergestellt.

Wir brauchen ungefähr 15 mittelgroße Blätter und eine Anzahl dünner Ästchen. Am besten eignen sich Blätter und Ästchen vom Haselnussstrauch. Die dünnen Ästchen werden auf eine Länge von drei bis vier Zentimeter abgebrochen. Zuerst wird der Rand angefertigt. Dazu werden die Blätter aneinander gelegt, sodass ein Blatt das andere etwa vier Zentimeter überlappt, dann mit einem Ästchen wie mit einer Stecknadel zusammengesteckt, bis ein Streifen aus etwa zehn Blättern entsteht.

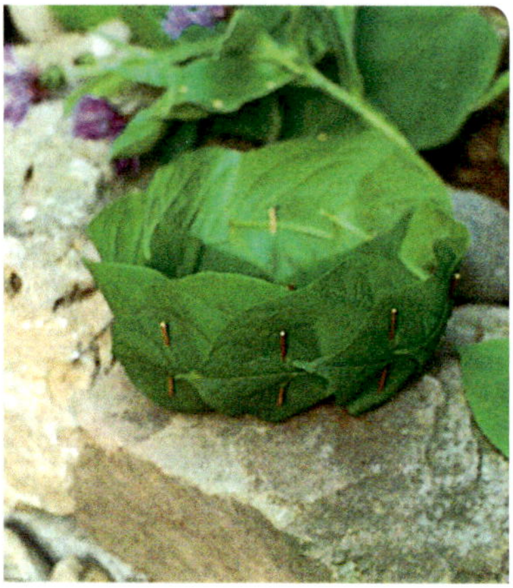

Für das Blätterkörbchen sollten möglichst große Blätter zusammengesteckt werden.

Der Streifen wird zum Ring geschlossen. Für den Boden benötigen wir vier bis fünf Blätter, die zu einer runden Fläche zusammengesteckt werden. Boden und Rand sind nun zusammenzufügen. Dies macht man am besten von innen, das heißt, der Boden wird in den Ring gelegt und ebenfalls mit Ästchen an den unteren Rand des Ringes gesteckt. Das Körbchen ist fertig. Die Beeren können, umgeben von frischen Blättern, appetitlich nach Hause getragen werden.

Verzierte Haselnussstecken

Ein Haselnussstrauch wirkte wegen seiner schönen glatten Ruten schon immer anziehend auf Kinder. Es reizte die Jungen, diese abzuschneiden. Zum Viehtreiben und Viehhüten war ein Stock einfach unentbehrlich. Um sich die Zeit während des Hütens zu vertreiben, ritzten die Buben oft alle möglichen Ornamente in solch einen Stock. War er besonders schön geraten, wurde er immer wieder benutzt.

Mit einem scharfen Taschenmesser schneidet man sich einen geraden Haselnussstecken ab und ritzt mit dem Messer verschiedene Verzierungen in die noch frische Rinde ein, hebt diese dann vorsichtig ab, sodass das weiße Kernholz zum Vorschein kommt. Kringel, Spiralen, Punkte, Zickzacklinien und Namenszeichen sehen besonders hübsch aus.

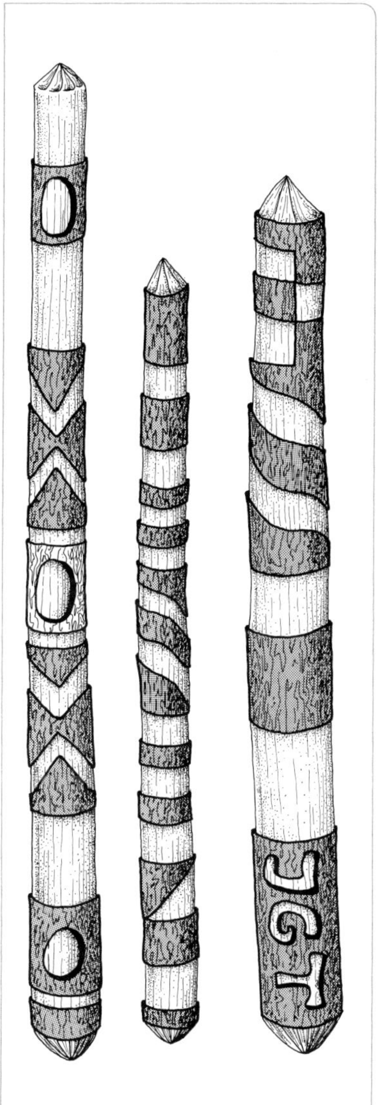

Fantasievoll verzierte Haselnussstecken.

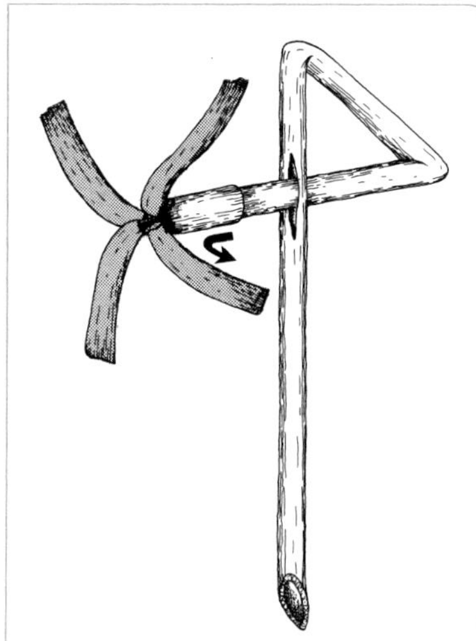

Windmühle aus frischen Roggenstrohhalmen.

Strohwindmühle

Die Strohwindmühle ist ein ganz altes Spielzeug, das sich Kinder oft während der Getreideernte auf dem Feld angefertigt haben.

Ein noch frischer Roggenstrohhalm wird zwei Mal geknickt, wie die Abbildung es zeigt. In den Stängel macht man mit dem Daumennagel oder Taschenmesser einen kleinen Einschnitt und steckt das Ende durch diesen Schlitz. Auf das aus dem Schlitz herausragende Ende wird ein etwas kürzerer und dickerer Strohhalm gesteckt und vier Mal ein wenig eingeschnitten. Dies sind dann die Windmühlenflügel, die etwas nach außen gebogen werden. Bläst man nun kräftig auf die Windmühlenflügel, oder läuft damit gegen den Wind, drehen sich diese ganz schnell.

Auf dem Grashalm pfeifen

Auch große Kinder machten sich gerne durch Töne, die mit einem Grashalm entstehen, bemerkbar. Väter zeigten es ihren Kindern auf sonntäglichen Spaziergängen und hatten selbst Freude daran.

Einen breiten Grashalm spannt man stramm zwischen beide Daumen und Handballen. Durch kräftiges Blasen in die entstandene Spalte zwischen beiden Daumen kommt der Grashalm in Schwingung. Ein heller und schriller Ton entsteht, und mit ein bisschen Geschicklichkeit lassen sich Vogelstimmen oder der Schrei eines Hahnes nachmachen. Ist der Grashalm weniger gestrafft, wird der Ton tiefer.

Kastanienmännchen

Für Kastanienmännchen benötigt man frische Kastanien in verschiedenen Größen. In eine größere Kastanie werden für Arme, Beine und Hals kleine Löcher gebohrt. Für den Kopf wird eine etwas kleinere Kastanie verwendet. Die Füße bestehen aus halbierten Kastanien. Mit zugespitzten Streichhölzern werden die Teile zusammengefügt. Als Hut dienen aufgespreizte Fruchthülsen von Bucheckern oder die Hülsen von Eicheln. Mit einem aufgemalten Gesicht sieht das Männchen dann besonders lebendig aus. Auf ähnliche Weise lassen sich auch allerhand Tiere herstellen.

Pfeifchen aus Kastanie

Eine flache, oben gerade abgeschnittene Kastanie wird ausgehöhlt. Seitlich bohrt man ein Loch für das Mundstück. Als Mundstück dient ein glattes Ästchen. Schon ist das Pfeifchen fertig. Getrocknete und verriebene Kastanienblätter oder Nussblätter stellen den Tabak dar. Rauchen kann man damit allerdings nicht.

Eisenbahn aus Kastanien

Für die Eisenbahn werden drei oder vier Kastanien je nach Anzahl der Waggons flach abgeschnitten und etwas ausgehöhlt. Die Lokomotive wird aus einer größeren Kastanie gefertigt, indem ein rechter Winkel herausgeschnitten wird, wie auf dem Foto zu sehen ist. Dann bohrt man kleine Löcher für die Achsen und steckt als Räder Eichelbecher mit einem kurzen Streichholz auf die vorgebohrten Löcher. Die Lokomotive bekommt noch einen Schornstein aus einem kleinen Stückchen Holz. Ein bisschen Watte markiert den Rauch. Als Lokführer bastelt man ein Männchen aus Eicheln oder Hagebutten. Schließlich werden die Waggons und die Lokomotive mit Streichhölzern miteinander verbunden. Mit kleinen Steinchen oder Früchten können die Wagen noch beladen werden.

Nussschalentrommel

Ein sehr einfaches, altes „Musikinstrument“ für Kinder ist die Nussschalentrommel, auch Hexenklavier genannt, die schnell hergestellt ist.

Eine halbe Nussschale wird mit einem festen Faden mehrmals umwickelt und gut verknoten. Zwischen die Fäden über der Schale wird ein Streichholz gesteckt und ein paarmal eingedreht, bis es stramm sitzt. Das Ende des Streichholzes muss auf der Schalenkante liegen. Durch Antippen des Streichholzkopfes schlägt das

Ende des Hölzchens auf den Nussschalenrand und erzeugt einen trommelartigen Ton. Die Kinder können ihren Gesang mit diesen Trommeln begleiten.

Maus und Käfer aus Nussschalen
Für die Maus nimmt man eine halbe Nussschale und klebt am stumpfen Ende der Schale einen dicken Wollfaden an. Schon hat die Maus ihren Schwanz. An der Spitze der Nussschale klebt man ebenfalls ein paar Wollfäden an, die die Schnauzhaare bilden. Jetzt werden noch zwei Augen aufgemalt und aus Stoff- oder Filzresten die Öhrchen zugeschnitten und aufgeklebt. Nun ist das Mäuschen fertig.

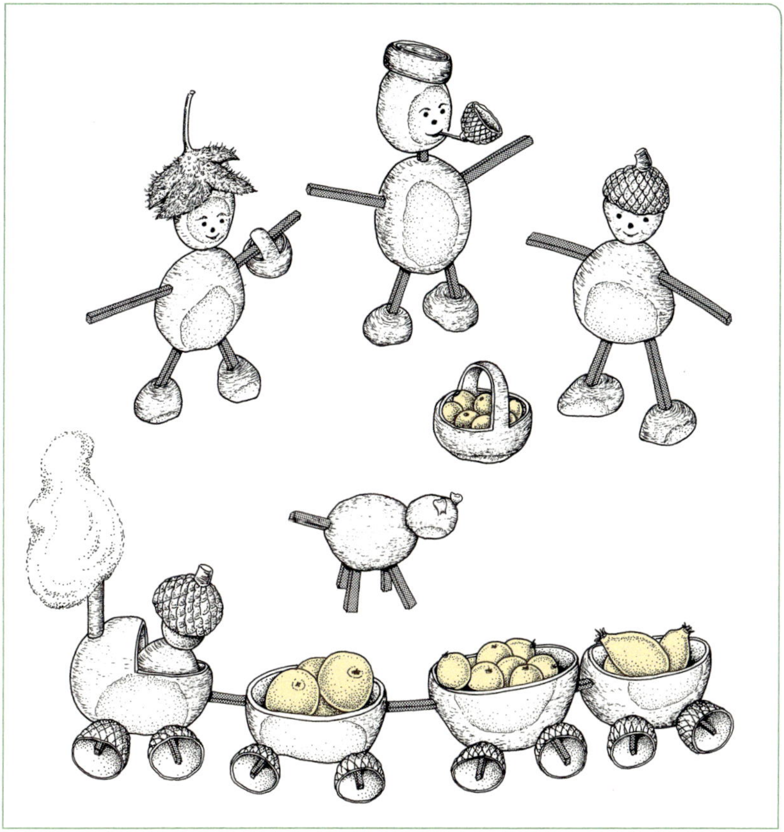

Aus Kastanien, Eicheln und Beeren entstehen mit etwas Fantasie Figuren, Tiere und sogar ein kleiner Zug.

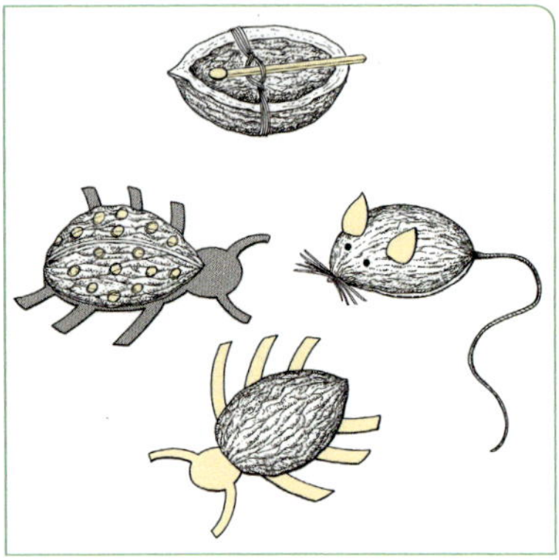

Trommel, Maus und Käfer aus Nussschalen.

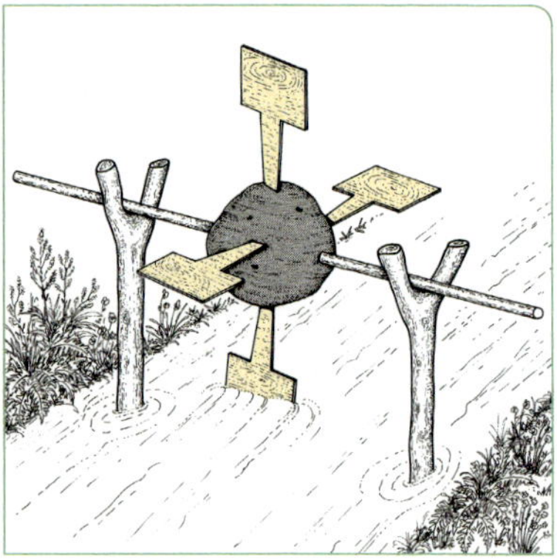

Wasserrädchen an einem Bachlauf.

Auf ähnliche Weise entsteht ein Käfer. Auf einem Stück schwarzen Karton werden die Beine, Fühler und Kopf aufgezeichnet und anschließend ausgeschnitten. Diese werden an den Nussschalenrand geklebt. Je nachdem, ob es ein Maikäfer, Marienkäfer oder Kartoffelkäfer sein soll, wird der Käfer mit Farben angemalt.

Rindenschiffchen

Das Material dazu ist Eichen- oder Kiefernrinde, die von gefällten Bäumen vorsichtig abgelöst wird. Mit dem Messer schneiden wir die Rinde so zu, dass die Form eines Schiffchens entsteht. Dann höhlt man die Rinde etwas aus. In die Mitte des Bodens wird in eine Vertiefung, die zuvor mit dem Messer ausgehoben wird, der Segelmast gesetzt. Ein großes Blatt oder ein Stück Papier ergibt das Segel. Es wird am Mast durchstoßen und locker an dem Mast angebracht, denn der Wind muss in das Segel blasen können, damit es auf dem Wasser vorwärts kommt. Und nun „Schiff Ahoi!“

Wer Lust hat, kann das Schiff noch mit kleinen Sachen beladen, aber so, dass es nicht kentert oder untergeht. Eine mit Wasser gefüllte Wanne oder ein Brunnentrog kann als Teich dienen.

Herstellung eines einfachen Wasserrädchens

Kinder wurden schon immer von Wasser angezogen. Das Spiegeln der Wasserfläche, die sich bildenden Wellenringe, wenn man einen Stein hineinwirft, das Fließen und Rauschen faszinieren sie. Ein Stückchen Holz, einen Zweig oder ein Blatt ins Wasser werfen kann zu einem Spiel werden, das die Kinder ausdauernd wiederholen. In früheren Jahren gab es vor allem auf dem Dorf wesentlich mehr Gelegenheiten, an Bächen, Seen oder Wasserläufen zu spielen. Mit Experimentierfreude wurde zum Beispiel ein Mühlenrad am Bach aufgebaut.

Zuerst braucht man zwei starke Astgabeln aus Haselnusszweigen. Diese werden in den Grund des Bachlaufes eingegraben. Auf die Astgabeln kommt die Querachse aus einem astlosen geraden Haselnussstock, die in eine mittelgroße runde Kartoffel gebohrt wird. Als Radschaufeln nimmt man zwei Holzschindeln oder dünne Fichtenholzstreifen, spaltet diese der Länge nach durch, so dass vier dünne Holzstreifen entstehen. Diese Holzstreifen werden wie ein Paddel zugeschnitzt. Die Paddel oder Radschaufeln sind gleichmäßig verteilt in die Kartoffel zu stecken. Damit sich das Rad dreht, müssen die Schaufeln bis zur Hälfte ins Wasser reichen. je schneller das Wasser den Bach herunterläuft, desto schneller dreht sich das Wasserrädchen.

Seifenblasen

Die Kinder bekommen heute die Seifenblasenlauge in einem Gefäß fertig zu kaufen. Früher nutzten sie an Mutters Waschtag, der bei schönem Wetter im Freien stattfand, die Gelegenheit aus, Waschlauge für Seifenblasen zu verwenden.

Eine Seifenblasenbrühe ist ganz einfach herzustellen. Etwas Kernseife

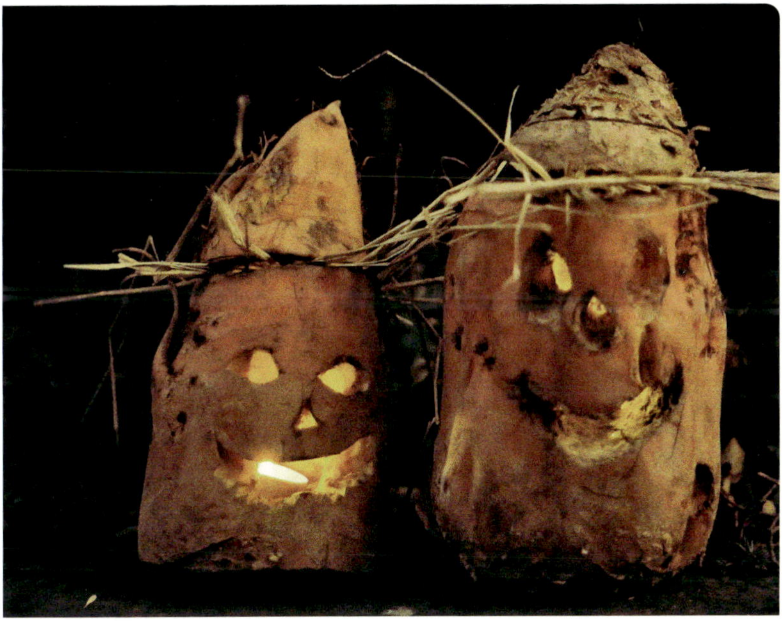

Eine ausgehöhlte Rübe, etwas Stroh und eine Kerze – schon kann der Rübengeist durch die Nacht leuchten.

wird zerkleinert und in einem Becher mit warmem Wasser aufgelöst und gut verrührt. Ein etwa 15 cm langer Stroh- oder Trinkhalm wird in die Lauge getaucht, herausgenommen, dann bläst man vorsichtig hinein, bis schöne, große, schillernde Blasen entstehen. Wenn man das Röhrchen unten ein bisschen aufspaltet, kommen besonders große Blasen heraus. Machen mehrere Kinder zusammen Seifenblasen, ist derjenige Sieger, dessen Blase am weitesten fliegt, oder als letzte platzt.

Rübengeist

Eine beliebte Beschäftigung im Spätherbst war das Schnitzen eines Rübengeistes. An Herbstabenden konnte man auf verschiedenen Fensterbrettern unheimliche, flackernde Gesichter sehen, die weit in die Nacht leuchteten. Mit großen hellen Augen und weit geöffnetem Mund sahen sie furchterregend aus. Viel Spaß hatten die Buben, wenn sie die Rübengeister heimlich jemandem ans Fenster stellen konnten, um die Bewohner zu erschrecken. Auf einen Stock gesteckt können die Geister Laternen ersetzen und beim Laternenlaufen an Martini getragen werden.

Für einen Rübengeist besorgen sich die Kinder beim Bauern eine große dicke Futterrübe. Auch ein Kürbis eignet sich gut. Nachdem der Strunk entfernt ist, wird von der Rübe oben etwa ein Fünftel gerade abgeschnitten. Die Laterne muss einen guten Stund bekommen, deshalb schneiden wir die Rübe auch unten gerade ab. Jetzt kann mit einem Messer und einem Löffel ausgehöhlt werden, bis die Wand noch etwa 2,5 bis 3 cm dick ist. Auch der oben eingeschnittene Deckel wird ausgehöhlt, er bekommt außerdem ein Loch, damit die Kerze gut brennt.

Nun können wir nach Lust und Laune ein fröhliches, ein trauriges oder gar ein furchterregendes Gesicht einschneiden. Unheimlich sieht das Gesicht aus, wenn im Mund einige Zähne mit eingekerbt werden.

Auch im abgeschnittenen oberen Teil kann man ein paar Streifen quer oder längs einschneiden, das sieht dann aus wie Runzeln oder Haare. Zum Schluss wird eine brennende Kerze darin befestigt, die in einer kleinen Vertiefung stehen oder mit einem

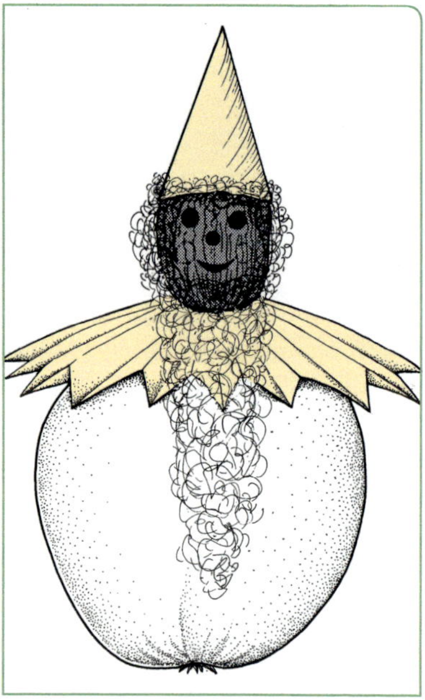

Vorweihnachtliche Tischdekoration: der Weihnachtsmann aus einem Apfel und einer Nuss mit flauschigem Wattebart.

dünnen Nagel von unten her befestigt werden kann. Nun kann der Rübengeist sein Unwesen treiben. Seine ursprüngliche Aufgabe war es, die bösen Mächte der Finsternis, die im Herbst wieder stärker werden, vom Haus fernzuhalten.

Apfelmännchen
Eine nette Bastelei in der Vorweihnachtszeit ist der Weihnachtsmann aus einem Apfel und einer Nuss.

Auf einen schönen großen Apfel steckt man mithilfe eines Streichholzes eine große Nuss als Kopf des Weihnachtsmannes. Mit etwas Watte formt man einen langen Bart und klebt diesen an der Nuss fest. Augen, Nase und Mund malt man mit einem Buntstift auf den Kopf. Als Kopfbedeckung formt man aus Goldpapier oder festem roten Papier eine spitze Tüte und setzt sie dem Weihnachtsmann auf. Wer will, kann noch aus Papier eine Halskrause falten. Schon hat man eine weihnachtliche Tischdekoration.

Größere Spielgeräte

Während das Spielzeug aus Naturmaterial die Kinder mehr an sonnigen Tagen im Frühjahr, Sommer und Herbst beschäftigte, weil sie sich zu diesen Zeiten meist im Freien aufhielten, fertigten sie einfaches Spielzeug aus Holz, Papier oder Wolle sicherlich eher an Regen- oder Wintertagen an. Es ging ihnen dabei ganz bestimmt nicht darum, perfektes Spielgerät herzustellen, es war eher eine spielerische Beschäftigung mit diesen einfachen Materialien, die ja jederzeit verfügbar waren und die ohne viele Umstände und Werkzeuge entstehen konnten. Die Freude am Werken, die Fantasie beim Gestalten weckten die schöpferischen Anlagen der Kinder.

Freilich verstand auch manches Spielzeug selbst gefertigt aus der Not heraus, dann, wenn gekauftes Spielzeug, weil es zu teuer war, nicht angeschafft werden konnte. Das war aber eher Sache der Väter oder älteren Geschwister, die, wie das häufig der Fall war, Schaukelpferd, Steckenpferd, Puppenhaus, Puppenwagen und Ähnliches den Kindern unter den Christbaum stellten; dies besonders dann, wenn sie handwerkliches Geschick für solche Dinge mitbrachten.

Hier wollen wir unser Augenmerk aber auf die von den Kindern selbst gefertigten Basteleien richten, weil wir uns vorstellen können, dass die Kinder unserer Tage im Nacharbeiten einen sinnvollen Zeitvertreib finden.

Pfeil und Bogen
Fast alle Buben im Schulalter besaßen Pfeil und Bogen.

Nicht erst der Vater oder der große Bruder mussten gebeten werden, ein solches Spielgerät herzustellen, dies konnten die Buben schon selber machen. Sie mussten jedoch immer wieder ermahnt werden, ja recht achtsam damit umzugehen.

Für den Bogen braucht man eine glatte, daumendicke Haselnuss-, Weiden- oder Eschenrute von etwa 1 Meter Länge. Ein starker Bindfaden oder eine dünne feste Schnur wird am Ende des Steckens befestigt. Man schneidet zuvor eine Kerbe rund um das Ende des Holzes, damit die Schnur nicht verrutscht und fest angezogen werden kann. Der Bogen wird jetzt vorsichtig gespannt, bis ein Halbkreis entsteht. Die Schnur wird nun auch am anderen Ende befestigt. Die Bogensehne muss straff sein. Als Pfeile eignet sich Schilfrohr sehr gut. Es wird auf Armlänge zugeschnitten, die trockene Umhüllung wird etwas abgeschält. Die Pfeile bekommen am Ende eine Einkerbung. Für die Pfeilspitzen schneidet man von Holunderzweigen etwa fingerlange Stücke ab und drückt den Pfeil fest in das Mark ein. Nun kann das Schießen beginnen. Der Pfeil wird mit der Kerbe auf die Bogensehne aufgesetzt. Die linke Hand fasst den Bogen dicht unter der Mitte. Der Zeigefinger umschlingt den Pfeil leicht und hält ihn so ganz locker am Bogen. Mit der rechten Hand fasst man den Pfeil an der Bogensehne fest und spannt gleichzeitig den Bogen an. Durch plötzliches Loslassen schnellt der Pfeil in die anvisierte Richtung. Auf eine vorgefertigte Zielscheibe schießen macht viel Spaß, aber auch leere Blechdosen sind dafür gut geeignet. Niemals darf man damit auf Menschen oder Tiere schießen.

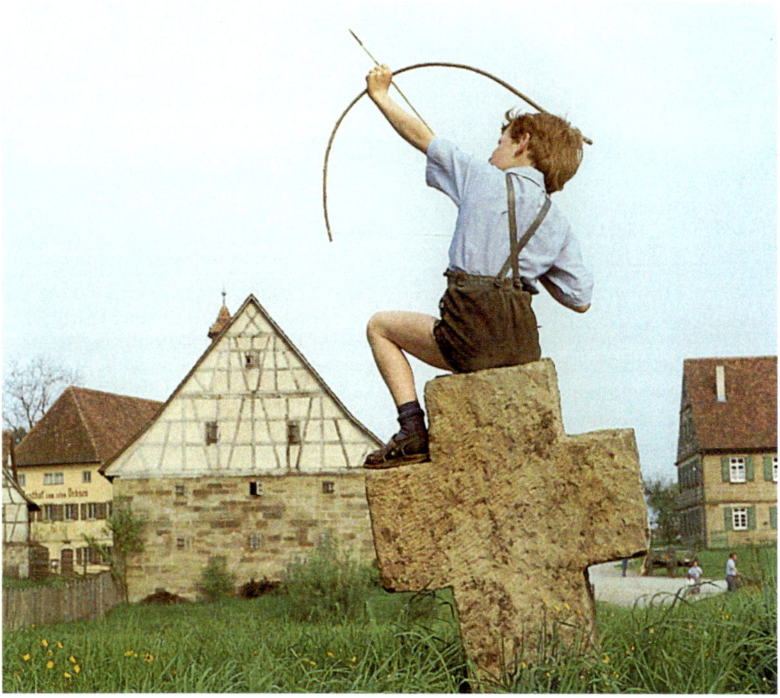

Pfeil und Bogen werden ausprobiert.

Stelzenlaufen

In Stadt und Dorf war dieses Spiel bei Kindern gleichermaßen beliebt. Geübte laufen auf holprigen Wegen oder gar die Treppen auf und ab.

Stelzen sind relativ einfach herzustellen. Sie sollten aber unbedingt stabil und in der Höhe verstellbar sein. Daher ist es besser, wenn man sie sich beim Schreiner anfertigen lässt oder fertig kauft.

Für Anfänger werden die Trittbretter auf die unterste Stufe eingestellt. An einer Haus- oder Scheunenwand angelehnt, versucht man zunächst, auf den Stelzen das Gleichgewicht zu halten, bevor man die ersten Gehversuche macht. Nach und nach können die Trittbretter höher gestellt werden. Es gibt wahre Meister auf den Stelzen.

„Alles mir nach!" lautet der Ruf bei einem einfachen Stelzenspiel. Dabei ist ein Kind der Anführer, die anderen müssen alle seine Schritte und Bewegungen nachmachen. Stelzenwettläufe über Stock und Stein bedürfen der Übung und Geschicklichkeit. Treppen und andere Hindernisse erhöhen den Reiz.

Ein lustiges Spiel auf Stelzen eignet sich für Geburtstagsfeiern und andere Feste: In entsprechender Höhe wird eine Leine gespannt, an der Bonbons und andere Süßigkeiten hängen. Die Kinder müssen sie, ohne die Balance zu verlieren, mit dem Mund herunterholen.

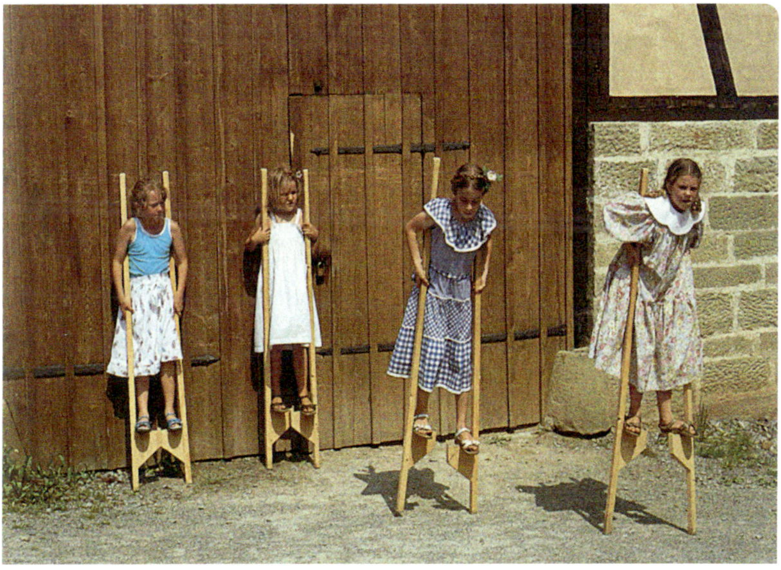

Beim Stelzenlaufen kommt es auf das Gleichgewicht an.

Reifentreiben
Die erforderlichen Reifen konnten aus Rohr oder Haselgarten selbst gefertigt werden. Meist wurde aber mit ausgedienten Eisenreifen von Holzfässern und Wagenrädern oder mit Rädchen von nicht mehr brauchbaren Hand- und Kinderwagen „gereifelt“. Es gab auch Reifen aus dem Spielzeugladen, die auf dem Land jedoch seltener zu sehen waren.

Mit einen Stab oder einem Stecken, den sich die Buben aus den Hecken schnitten, wird der Reifen wie ein Rad so geleitet und fortgerollt, dass er nicht umfällt. Es kommt darauf an, ihn am Rollen zu erhalten. Reifeln mehrere Kinder zusammen, können sie ein Wettspiel daraus machen. Wer den Reifen eine gewisse Strecke oder Zeit, ohne ihn fallen zu lassen, am schnellsten treibt, ist Sieger.

Drachen
Sobald der Herbstwind über die Stoppelfelder blies, ließen die Burschen ihre selbst gebastelten Drachen steigen. Es war ihr typisches Herbstspiel. Doch zuerst musste der Drachen hergestellt werden. Dabei holten sich die Buben gerne Rat beim Vater, der so manchen Tipp geben konnte, wie der Drachen möglichst leicht und hoch flog.

Zum Bau eines Drachens benötigt man zunächst zwei Leisten aus leich-

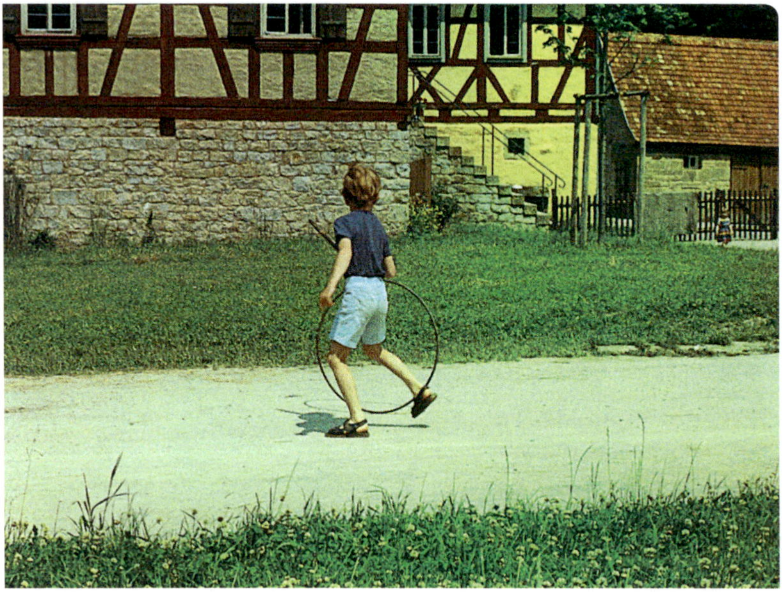

Reifentreiben macht auch alleine Spaß.

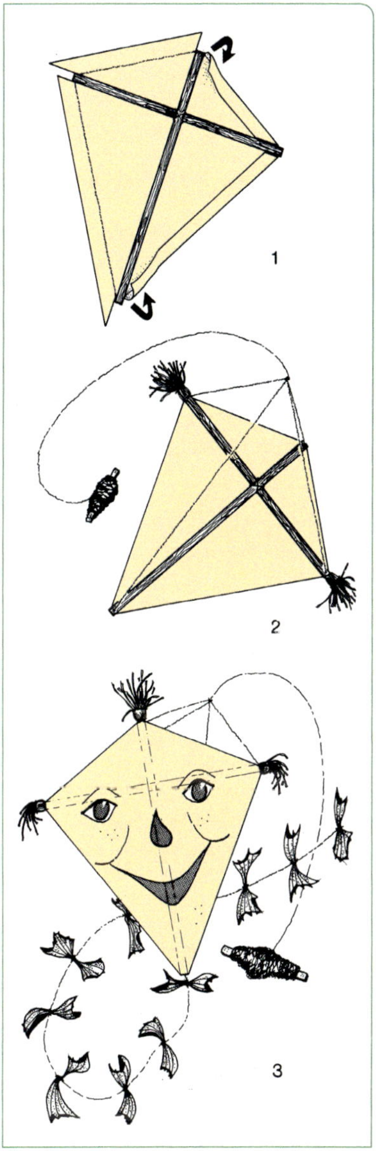

tem Holz, es genügt Tannenholz in der Abmessung von etwa 6 × 10 mm im Querschnitt. Aus beiden Leisten schneidet man etwa 90 cm für die Längsleiste und 60 cm für die Querleiste zu. Die Maserung des Holzes muss in Längsrichtung verlaufen. Beide Leisten werden kreuzweise aufeinander gelegt, sodass der Längsstab oben 222 cm und unten 68 cm misst. Die rechte und die linke Seite der Querleiste sind gleich lang. Jetzt werden die beiden Leisten am Kreuzpunkt mit einem feinen Drahtstift festgehalten und mit einem starken Bindfaden kreuzweise zusammengebunden. Die vier Enden des Holzkreuzes werden mit einem Taschenmesser etwas eingekerbt, und zwar zum Befestigen der Umspannschnur. Die Umspannschnur muss dem Kreuz einen festen und stabilen Halt geben. Nun wird das umspannte Holzkreuz mit leichtem Drachenpapier, das es heute zu kaufen gibt, bespannt. Früher hat man leichtes Packpapier dafür verwendet. Das Papier wird so zugeschnitten, dass es ringsherum 2,5 cm übersteht. Der überstehende Rand wird um die gespannte Schnur herumgeklebt. Ist der Leim getrocknet, wird der Drachen mit der Papierseite auf den Fußboden gelegt. An den vier Enden des Kreuzes werden Schnüre von ungefähr 1 m

So entsteht ein Drachen: Ein Holzkreuz wird mit einer Schnur umspannt und mit Drachenpapier beklebt (1). Am Knotenpunkt der Eckschnüre wird die lange Drachenschnur befestigt (2). Ein Schwanz mit gefältelten Papierschleifen sorgt für ruhigen Stand hoch oben in der Luft (3).

Länge angebracht. Jetzt kommt das wichtige Auswiegen des Drachens. Man fasst die vier Schnüre über dem Kreuzpunkt der Leisten zusammen und hebt dabei den Drachen etwas in die Höhe, sodass die Querleiste genau in der Waage liegt. Alle vier Schnüre müssen dabei gestrafft sein, und nun werden diese verknotet. Hier an diesem Knoten wird die Führungsschnur befestigt, an der der Drachen in die Luft steigen soll. Der Abstand zwischen Holzleisten und Verbindungsknoten sollte etwa 50 cm sein. Die Leitschnur zum Steigenlassen darf nicht so dick sein, dafür aber sehr lang, der Drachen soll ja hoch in die Lüfte steigen. Schließlich erhält der Drachen noch einen Schwanz, damit er in der Luft ruhig stehen bleibt und nicht wild umhertanzt.

Für den Schwanz nimmt man festen Bindfaden. In diesen knoten wir im Abstand von 10 cm Papierschleifen. Bunte Papierstreifen geben dem Drachen ein besonders lustiges Aussehen. Man faltet die Papierschleifen in der Form einer Ziehharmonika zusammen (etwa 1,5 cm von Falte zu Falte), spreizt sie an den Enden etwas auseinander und befestigt diese an der Schwanzschnur. An das Ende des Schwanzes kommt eine schöne Papiertroddel oder eine Schleife. Es ist wichtig, dass die Länge des Schwanzes im richtigen Verhältnis zum Drachen steht, dann erst kann er in der Luft ruhig stehen bleiben. Ist nach dem ersten Start der Schwanz zu leicht, knoten wir noch einige Schleifen an, ist er zu schwer, werden welche abgenommen. Wer Lust hat, kann dem Drachen noch ein Gesicht aufmalen und an den Enden der Leisten noch Troddeln aus Papier anbringen. Jetzt können wir den selbst gebastelten Drachen steigen lassen, müssen aber darauf achten, dass gegen den Wind gelaufen werden muss und dass keine Hindernisse in der Nähe sind, denn schon mancher schön gebastelte Drachen ist auf dem Telegrafenmasten oder auf einem Baum gelandet. Steht der Drachen schließlich nach mehreren Versuchen ruhig in der Luft, können an der langen Leitschnur noch Papierboten hochgelassen werden. Wenn der Wind diese rasch um die Schnur dreht und immer schneller nach oben treibt, bis sie den Drachen erreichen, hat man noch zusätzliche Freude.

Wippe oder Schaukel

Schaukeln mögen fast alle Kinder gerne. Weit verbreitet sind heute die fertig aufgestellten und auf Sicherheit bedachten Schaukelgestelle für Kinder. Die einfache Wippe ist kaum mehr anzutreffen.

Ein starkes Holzbrett legt man über einen umgekippten Hackklotz oder einen umgesägten Baumstamm, sodass das Brett in der Waage liegt. Auf beiden Enden des Brettes sitzen nun die Kinder und wippen auf und ab, müssen aber dabei das Gleichgewicht halten. Ein Mitspieler kann sich in die Mitte des Brettes stellen und helfen, die Wippe auszubalancieren.

Steinschleuder

Das Spiel mit der Steinschleuder ist ganz sicher nicht ungefährlich, aber es gehört zu den traditionsreichen Spielen. Wichtig ist, dass die Erwachsenen auf die Gefährlichkeit dieses Spieles

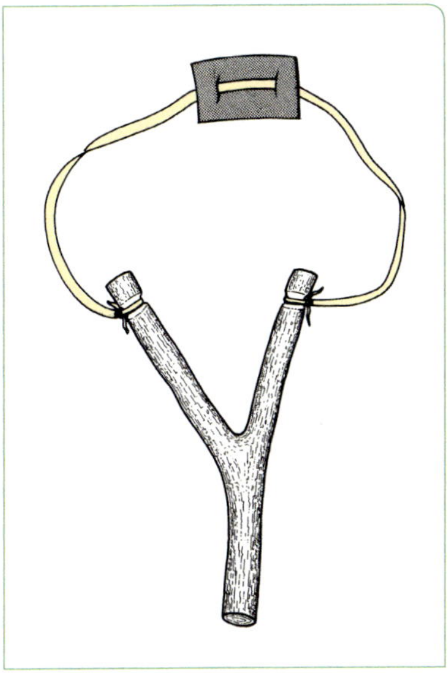

Traditionsreiche, aber nicht ganz ungefährliche Steinschleuder.

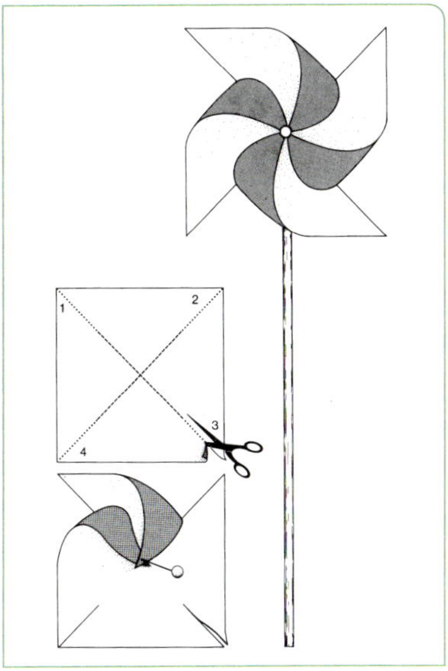

Ein Windrädchen ist einfach herzustellen: ein Holzstab, eine Stecknadel und ein Stück Papier sind alles, was man braucht.

hinweisen. Kinder werfen gerne mit Steinen und manche Fensterscheibe wurde auch ohne Steinschleuder zertrümmert.

Die Steinschleuder ist einfach herzustellen. Man braucht eine feste Astgabel aus Buchenholz in der Form eines Y. An den oberen eingekerbten Enden wird jeweils links und rechts ein kräftiges Gummiband befestigt. Das Gummiband wird zuvor durch ein Stückchen Leder gezogen, in das vorher zwei kleine Schlitze gemacht worden sind. Schon ist die Steinschleuder fertig.

Man hält die Schleuder in der linken Hand. In das Lederstückchen wird ein kleiner Stein gelegt, mit Daumen und Zeigefinger der rechten Hand festgehalten und gleichzeitig das Gummiband fest angespannt. Durch plötzliches Loslassen schleudert es den Stein weit weg. Am sinnvollsten ist es, wenn die Buben sich eine richtige Zielscheibe basteln und das Spiel an einer ungefährlichen Stelle ausüben. Wie bei Pfeil und Bogen gilt: Niemals auf Mensch und Tier zielen.

Windrädchen

Das ist ein Spielzeug, an dem kleinere Kinder Freude haben. Aus festem Papier schneidet man ein Quadrat von etwa 15 × 15 cm Seitenlänge, faltet das Quadrat diagonal und schneidet an den Ecken bis zur Hälfte ein.

Die mit 1, 2, 3, 4 bezeichneten Ecken spießt man auf einen dünnen, aber nicht zu kurzen Nagel oder eine Stahlstecknadel und befestigt damit das Windrädchen auf ein Holzstäbchen.

Flink läuft das Rädchen, wenn an der Vorder- und Rückseite je eine kleine Holzperle aufgesteckt wird. Mit Buntstiften bemalt oder mit buntem Papier beklebt, sieht es besonders schön aus. Laufen die Kinder mit ihrem Windrädchen gegen den Wind, dreht es sich sehr schnell.

Hampelmann

Ein mit viel Tradition verbundenes und für Kinder immer wieder faszinierendes Spielzeug ist der Hampelmann, ein Spielzeug, das der Vater seinen kleinen Kindern oft selbst gebastelt hat. In vielen Formen und mit vielerlei Gesichtern wurde er schon hergestellt.

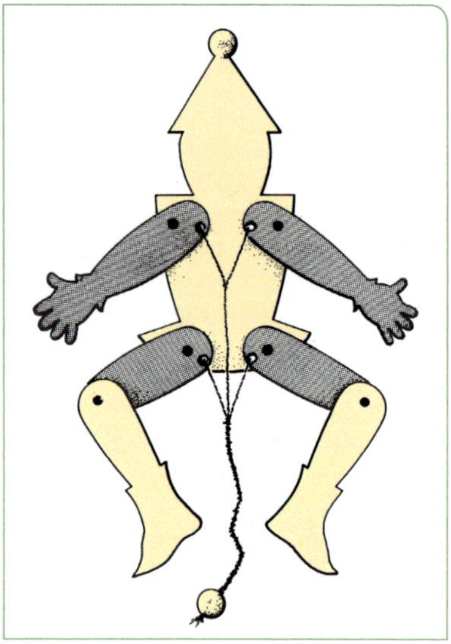

Hampelmann: Wichtig sind die richtige, lockere Befestigung der Arme und Beine und das Anbringen der Zugschnüre an der richtigen Stelle.

Es ist nicht allzu schwierig, den hier aufgezeichneten Hampelmann selbst zu basteln.

Entsprechend der vorgesehenen Größe des Hampelmanns besorgt man sich eine Sperrholzplatte. Auf einem Papier werden zunächst die einzelnen Teile aufgezeichnet: Körper mit Kopf und Zipfelmütze, zwei Arme, zwei Oberschenkel und zwei Unterschenkel. Die aufgezeichneten Teile überträgt man mit Pauspapier auf die Sperrholzplatte. Jetzt werden die aufgezeichneten Körperteile mit der Laubsäge ausgesägt und die Kanten etwas abgeschliffen. Danach bohrt man die Löcher für die einzelnen Glieder und für die Zugschnur, wie die Abbildung es zeigt. Nun werden die Teile lackiert und bunt bemalt. Sind die Teile getrocknet, werden die Körperteile zusammengenietet. Geeignete Nieten bekommt man in jedem Bastelgeschäft. Es lassen sich auch Musterbeutelklammern mit Rundkopf dazu verwenden. Man darf nicht zu fest zusammendrücken, da die Glieder leicht beweglich bleiben müssen. Auf der Rückseite des Hampelmannes werden jetzt die Arme und die Beine je mit einer Querschnur verbunden und fest verknotet. In die Mitte der beiden Querschnüre knüpft man die Zugschnur, an deren Ende eine Holzperle befestigt wird. Der Hampelmann wird an der Zipfelmütze aufgehängt. Zieht man an der Zugschnur, bewegen sich Arme und Beine.

Kleine Kinder hören gern ein Verschen dazu, wenn der Hampelmann lustig zappelt:

„Ich bin der kleine Hampelmann und zeig euch, wie ich hampeln kann!"

Papierfalten

Papier ist der Werkstoff für die verschiedensten Faltarbeiten. Von den Chinesen erfunden, gelangte es über Ägypten, Marokko, Spanien und Italien im 14. Jahrhundert schließlich nach Deutschland. Schon die kleinen Kinder können sich am Rascheln und Knistern des Papieres erfreuen, und wohl jeder hat in seiner Kindheit Papierfaltarbeiten ausgeführt.

Viele der heute noch beliebten Faltarbeiten wie Himmel und Hölle, Schiffchen, Kästchen, Helme und Vögel sind altüberlieferte Formen und wurden von Generation zu Generation weitergegeben.

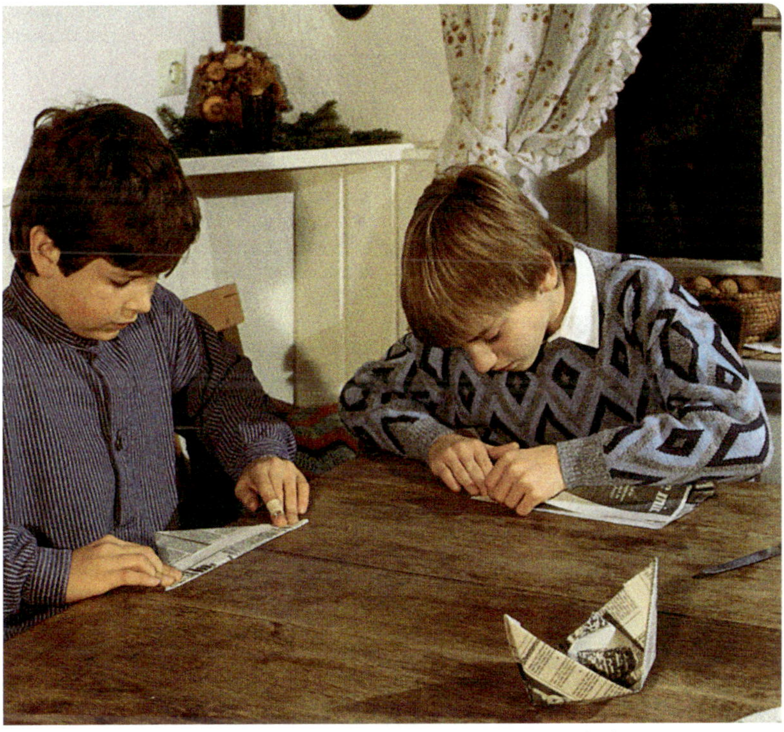

Zeitungspapier ist ein preiswerter Werkstoff für Schiffchen und andere Faltarbeiten.

Möwe
Ausgangsmaterial ist ein quadratisches Stück Papier von etwa 15 × 15 cm.

Das Papier diagonal falten, sodass ein Dreieck entsteht (1 und 2).

Das entstandene Dreieck in 5 cm Höhe nach vorn falten (3).

Anschließend das Dreieck 1 cm vom Falz nach oben knicken (4).

Die nun entstandenen Dreiecke auseinander klappen (5).

Diese Form einmal in der Mitte falten (6).

Die daraus entstandenen und nach unten hängenden Flügel leicht schräg nach oben knicken. Den Schnabel nach innen falten. Die Spitzen der Flügel etwas nach unten umbiegen und der Möwe noch Augen aufmalen (7).

Faltvogel
Ein quadratisches Blatt Papier in der Größe 15 × 15 cm auf der Vorderseite diagonal falten und auf der Rückseite gerade wie ein Kreuz. Die Brüche vom schrägen Kreuz sollen erhaben und die vom geraden Kreuz vertieft sein (Figur 1).

Die vier Spitzen vom gefalteten Blatt werden zur Mitte hin genommen,

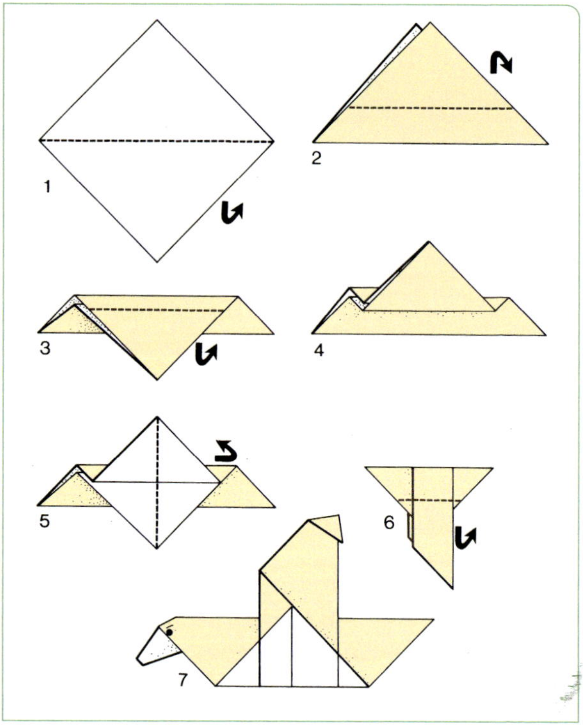

Eine Möwe aus Papier ist in sieben Schritten herzustellen.

und zwar so, dass die schrägen Knicke nach innen gelangen. Das Ganze etwas glatt streichen. Die zwei Ecken a und b an die Diagonalbrüche nach innen legen, umdrehen und die Ecken c und d auf die gleiche Art nach innen knicken (2).

Das geöffnete Blatt zeigt nun die Faltstellen (3).

Das Blatt an den Falzen so zusammenlegen, wie in 4 gezeigt. Die Schnittkanten müssen innen liegen.

Die Spitze e wird nach unten gefaltet, dann umdrehen und auch Spitze f nach unten falten (5).

Vorder- und Rückseite der Länge nach zusammenfalten, wie es in 5 und 6 zu sehen ist.

Nun nochmals der Länge nach zusammenlegen, dann kann man bereits den Schwanz des Vogels erkennen (7).

Eine der zwei oberen Spitzen etwas nach unten ziehen, so haben wir die Füße. Die andere Spitze ergibt, wenn sie etwas umgeknickt wird, den Kopf (8).

Ein aufgemaltes Augenpaar gibt dem Vogel ein lebendiges Aussehen. Eine ganze Vogelschar kann entstehen, wenn verschiedene Größen aus unterschiedlichem Papier gefaltet werden.

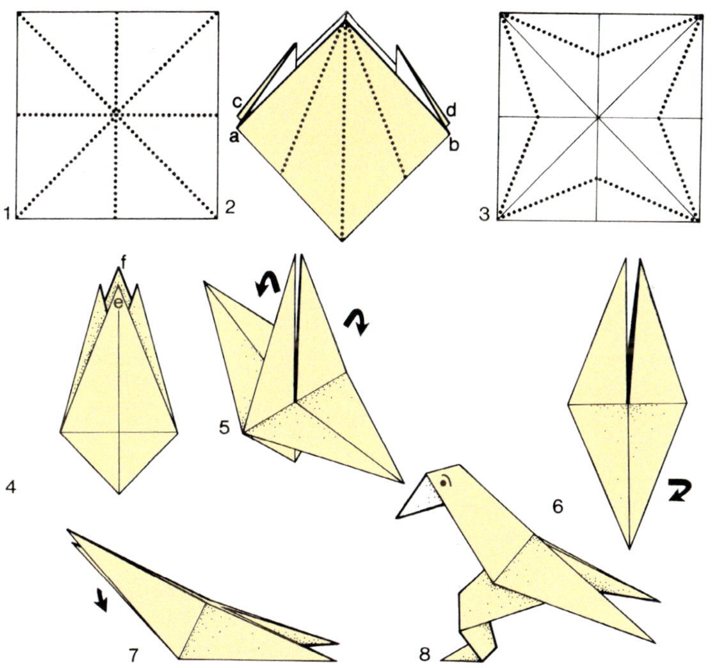

Mehrere solche Vögel in verschiedenen Größen sehen sehr dekorativ aus.

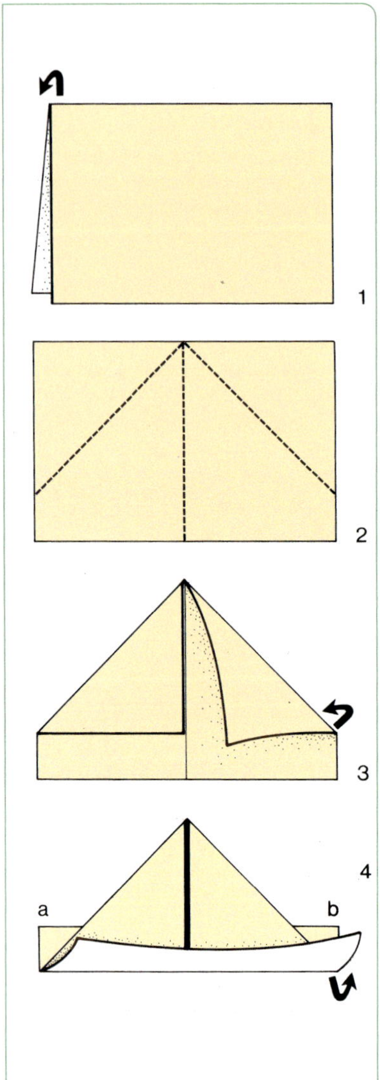

Aus dem Faltungen 1 bis 4 entsteht der Papierhelm.

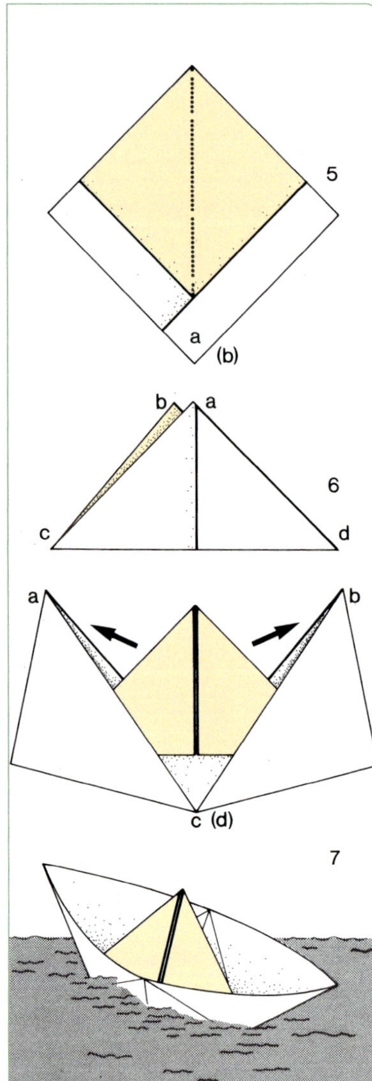

Die Faltungen 5 bis 7 machen aus dem Helm ein Schiff.

Papierhelm und Papierschiffchen

Helm und Schiff sind wohl die am häufigsten ausgeführten Faltformen. Jede Art von Papier kann dazu verwendet werden. Die Kinder nehmen gerne Zeitungspapier.

Ein rechteckiges Stück Papier in der Mitte zusammenfalten (1). Die Ecken zur Mitte hin umbiegen (2, 3).

Den unten entstandenen Rand vorn und hinten nach oben falten (4). Damit ist der Papierhelm fertig gestellt.

Für das Schiffchen müssen nun noch die Ecken a und b gegeneinander zusammengedrückt werden, sodass die Form eines Quadrates entsteht (5). Die offenen Spitzen müssen dabei nach unten zeigen.

Die beiden Spitzen a und b vorn und hinten nach oben zu einem Dreieck falten (6).

Die Ecken c und d so zusammendrücken, dass sich ein kleines Quadrat bildet. Die nach oben zeigenden Spitzen a und b nach außen ziehen, und das Schiffchen entsteht (7).

Bunt angemalt und mit einem Namen versehen, bekommt es eine persönliche Note.

Schwan

Der Schwan hat bis Ziffer 6 die Form des Faltvogels auf Seite 112.

Aus den zwei Schwanzspitzen des Vogels werden beim Schwan Kopf und Schwanz. Und aus Kopf und Füßen werden die Flügel des Schwanes.

Wir falten wie bis 6 des Faltvogels und stellen das Ganze auf den Kopf (1).

Die Spitze des Schwanzes etwas nach unten ziehen und den Kopf formen. Die Flügel, mit einem Messer oder über einen Bleistift streifen und biegen (2). Dem Schwan noch zwei Augen aufmalen (3), und schon kann der Vogel ins Wasser gesetzt werden. Wenn eine ganze Papier-Schwanenfamilie auf dem Wasser schwimmt, dürfen die Kinder stolz auf sie herabblicken.

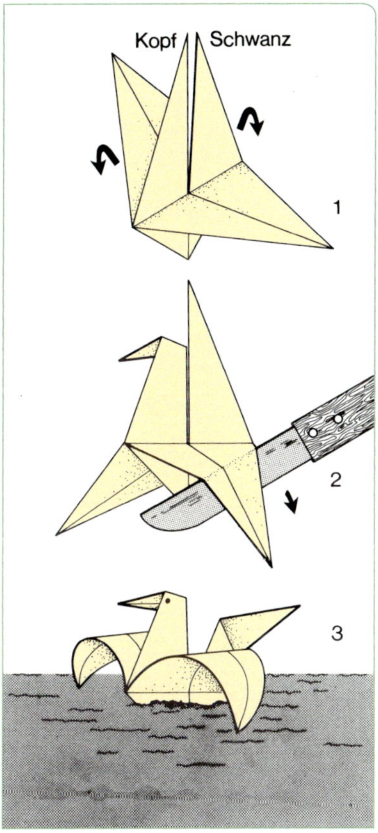

Der Schwan entsteht auf ähnliche Weise wie der Faltvogel. Die ersten Schritte finden Sie auf Seite 112.

Himmel und Hölle

Mit diesem Faltspiel fragten die Kinder einander, ob sie in die Hölle oder in den Himmel kommen.

Es wird ein quadratisches nicht zu festes Stück Papier von 20 × 20 cm benötigt.

Das Quadrat in Falze knicken, wie die Abbildung es zeigt. Das Blatt öffnen und umdrehen (1).

Alle vier Ecken zum Mittelpunkt hin falten (2).

Das Ganze wieder umdrehen, sodass die offene Seite unten liegt, und wieder die vier Ecken zur Mitte hin falten. Die Dreiecke a, b, f, e als Hölle rot anmalen und die Dreiecke g, h, d, c als Himmel blau anmalen (3).

Wieder umdrehen und mit Zeigefinger und Daumen der linken und rechten Hand unter das abstehende Papier in die Ecken fahren. Nun kann mit den Fingern die entstandene Form hin und her bewegt werden. Der Mitspieler wird gefragt: „Himmel oder Hölle?“ Worauf der Gefragte mit dem Finger über diejenige Spalte fährt, die sich öffnen soll, sofort tun sich Himmel oder Hölle auf.

Einfaches Papierkästchen

Aus einer Postkarte oder aus festem Papier lässt sich ein einfaches Kästchen herstellen. Solche Kästchen hat man früher benutzt, um die kleinen Utensilien im Nähkästchen ordentlich aufzubewahren.

Die Postkarte längs einmal in der Mitte falten, wieder aufmachen und die beiden Längsseiten bis zur Mitte hin knicken und öffnen (1).

Dann die schmalen Seiten knicken wie in 1, jedoch nicht mehr öffnen (2).

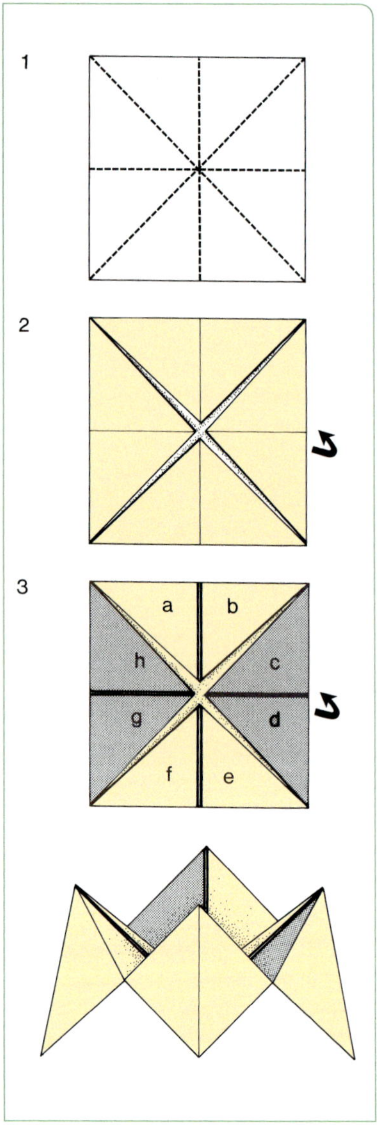

Himmel und Hölle.

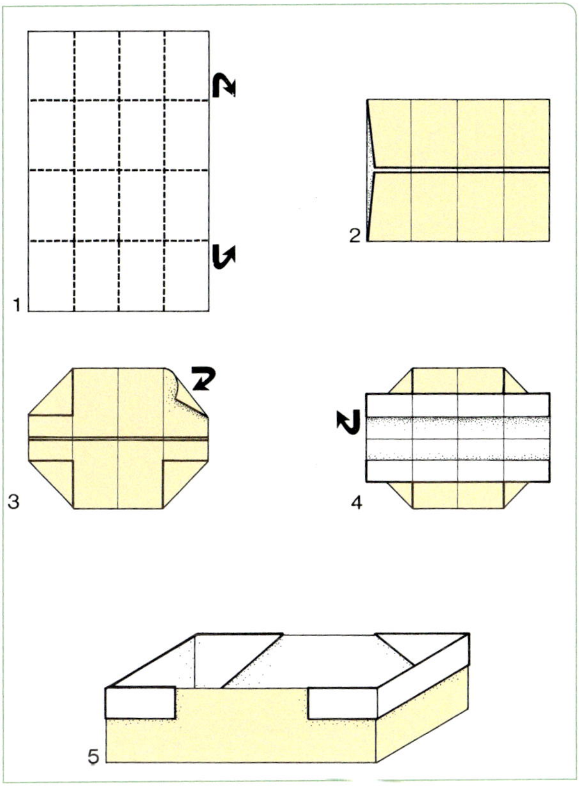

Einfaches Papierkästchen – aus kräftigem Papier kann es sehr stabil sein.

Die Ecken scharf umknicken (3).

Die innen liegenden beiden schmalen Seiten über die umgeknickten Ecken falten (4).

Die beiden entstandenen Taschen werden von innen her als Seitenwände etwas hochgedrückt. Man faltet die Ecken außen scharf nach, sodass die Kästchenform entsteht (5).

Ungeheuer

Ein quadratisches, nicht zu festes oder dickes Stück Papier, das in etwa 20 × 20 cm groß ist, wird diagonal gefaltet (1).

Zusammenfalten wie in 2.

Die vier unteren Ecken auf Vorder- und Rückseite nach oben klappen (3).

Schließlich nochmals alle vier Ecken vorne und hinten nach innen falten (4). Aufklappen, das Ganze umdrehen und wieder nach innen falten. Fest ausglätten (5).

Beim Aufklappen sieht man nun genau die Knickstellung (die punktierten Linien in der Zeichnung 6). An den

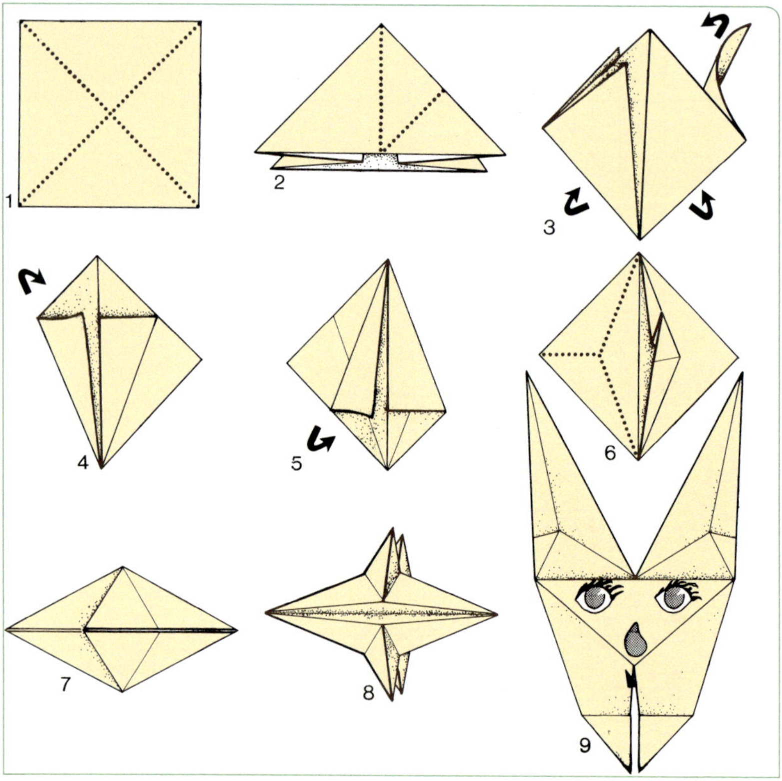

Für das Teufelchen oder Ungeheuer sollte dünnes Papier verwendet werden.

Knickstellen wird links und rechts eine Falte gebildet und nach oben angedrückt. Dasselbe auch auf der Rückseite.

Zusammengefaltet der Kopf aus wie in 7.

Die Seitenansicht wie in 8.

An den unteren beiden Zipfeln wird nun der Kopf festgehalten, am offenen Ende pustet man kräftig hinein. Jetzt entfaltet sich dieser zu einem furchterregenden Ungeheuerkopf. Mit etwas Farbe bemalt, erhält er seinen letzten Schliff.

Strickliesel und Wollepüppchen

Strickliesel

Das Hantieren mit der Strickliesel war einst eine beliebte Beschäftigung, nicht nur für Mädchen. Heute wird diese Handarbeit wieder neu entdeckt.

Auch ungeübte Kinder können damit schon etwas Brauchbares herstellen. So kann aus festem Garn ein Hüpfseil entstehen oder ein kleines Täschchen, wenn die Schnur schneckenförmig zusammengenäht wird.

Für eine selbst gebastelte Strickliesel benötigt man eine leere Garnrolle aus Holz mit einem möglichst großen Loch. Um das Loch schlägt man vorsichtig vier kleine Nägel mit möglichst runden und glatten Köpfen in gleichen Abständen so ein, dass die Nägel noch 1 cm herausschauen. Das Stricken geht nun so vor sich: Das Garnende wird durch das Loch der Garnrolle hindurchgezogen, sodass es unten ein Stückchen herausschaut. Das lange Garnende wird je einmal um die vier Nägel gelegt, wie die Abbildung es zeigt. Jetzt braucht man noch eine Häkelnadel. Das Garn wird um den Finger gewickelt wie beim Häkeln und Stricken und dann vor den ersten Nagel gelegt. Mit der Häkelnadel wird von unten die Schlinge, die um den Nagel läuft, über den Nagelkopf gehoben und zur Mitte gelegt. Der jetzt vorne liegende Faden ist damit bereits die erste Masche. So wird nun von Na-

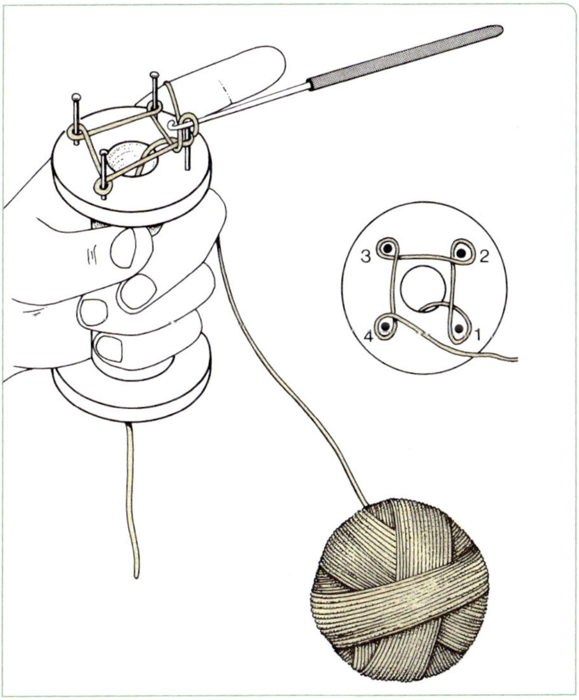

Die Strickliesel aus einer hölzernen Fadenrolle.

gel zu Nagel verfahren und dabei die Strickliesel immer ein Stückchen gedreht, bis unten an der Garnrolle eine Schnur hervorkommt. Ab und zu muss unten an der Schnur etwas nachgezogen werden, damit die Maschen nicht zu locker werden. Verwendet man verschiedenfarbige Garne, wird die Schnur besonders schön. Beliebig lange Schnüre lassen sich so herstellen. Zum Schluss zieht man das Garnende durch die vier Maschen und hebt das Ganze von der Garnrolle ab.

Wollepüppchen

Aus bunten Wollresten, die von einer Strickarbeit der Mutter übrig blieben, fertigten die Mädchen oft ganze Serien von Wollepüppchen. Werden sie zusätzlich mit Stoffresten bekleidet, können sie alle möglichen Figuren darstellen, die zu lebendigem Spiel anregen. Auch die kleinen Geschwister lieben solche Püppchen; sie sind so hübsch bunt und gehen nicht kaputt.

Die Wollfäden werden auf etwa 10 cm Länge zugeschnitten und gebündelt. Ein Bündel wird in der Mitte abgebunden (siehe Abb.), dann legt man die Enden aufeinander und bindet ein Stück für den Kopf ab. Ein zweites Bündel schiebt man als Arme zwischen den halbierten Strang und befestigt es kreuzweise. Nun sind nur noch Hände und Füße abzubinden und die überstehenden Fäden abzuschneiden.

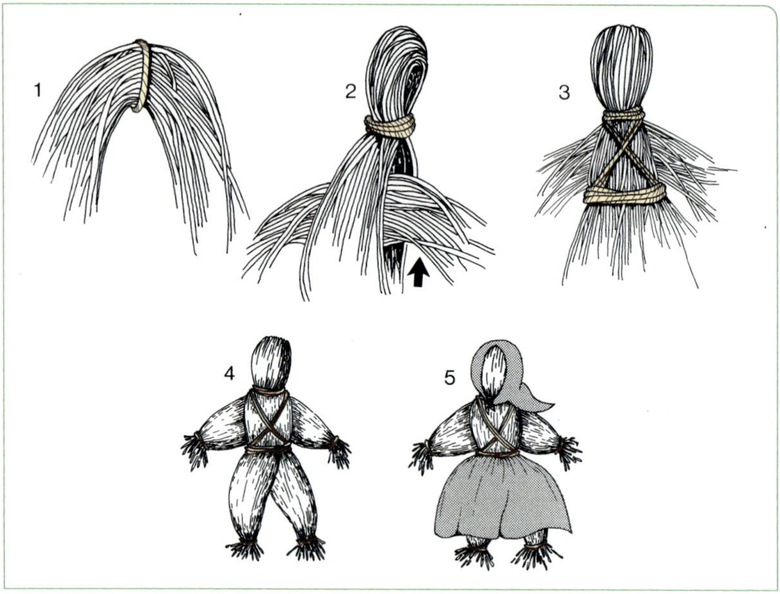

Wollepüppchen sind einfach zu fertigen.

Fadenspiele

Fadenspiele sind Fingerspiele, mit denen sich größere Kinder, vor allem Mädchen gerne unterhalten haben. Sie sind altes Kulturgut, bei uns heute jedoch fast vergessen. Fadenspiele haben bei einfachen Völkern noch eine magische und geheimnisvolle Bedeutung. In Japan werden sie nach wie vor als beliebtes Gesellschaftsspiel gepflegt. Fadenspiele können alleine oder zu zweit ausgeführt werden. Sie sind alle nachzuahmen, allerdings kompliziert zu beschreiben.

Ausgeführt wird dieses Spiel mit einem dicken Wollfaden oder einer dünneren Schnur von 1,50 Meter Länge, deren beide Enden miteinander verknotet werden.

Die Ausgangsstellung für den Alleinspieler ist wie folgt: Der Faden wird über Daumen und kleinen Finger der beiden Hände gelegt und gestrafft (1). Der Zeigefinger der rechten Hand nimmt den Faden, der über die linke Handfläche läuft, von unten auf und führt ihn mit dem Finger wieder nach rechts.

Auf dieselbe Weise wird mit dem linken Zeigefinger verfahren (2). Die Fäden wieder straffen. Jetzt hat man die Ausgangsposition (3). Die meisten Spielarten beginnen mit dieser Figur. Für einen Alleinspieler gibt es viele Formen, zum Beispiel den Mund, den See, den Schnellzug, die Milchstraße und den Hexenbesen.

Für zwei Spieler ist die Ausgangsposition folgendermaßen:

Der Faden wird über beide Handrücken gelegt (1). Die Finger (ohne Daumen) der rechten Hand und der linken Hand umschlingen einmal den vorderen Faden (2). Die Fäden straffen. Der Zeigefinger der rechten Hand nimmt den Faden, der über die linke Handfläche läuft, von unten auf und führt ihn mit dem Finger wieder nach rechts. Dasselbe wird mit dem linken Zeigefinger gemacht. Die Fäden wieder straffen (3). Das Spiel kann nun mit einem Mitspieler fortgeführt werden. Der Mitspieler fasst die Fäden von oben mit Daumen und Zeigefinger an den Kreuzpunkten und führt diese über die Außenfäden von unten wieder nach oben. So hebt er die Form ab, das heißt, er übernimmt die Fäden in seine Finger. Eine neue Form ist so entstanden. Wieder fasst der Mitspieler die Fäden an den Kreuzpunkten, verfährt aber auf umgekehrte Weise, hebt das Ganze ab, strafft die Fäden und hat eine andere Form.

Dieses Spiel lässt sich mit etwas Geschick und neuen Griffen beliebig oft fortführen. Es wäre zu umfangreich, alle die möglichen Formen hier zu beschreiben. Sicher entsinnen sich die Älteren noch an die eine oder andere Form des Spieles. Es gibt Spielbücher, in denen die Fadenspiele genau beschrieben sind.

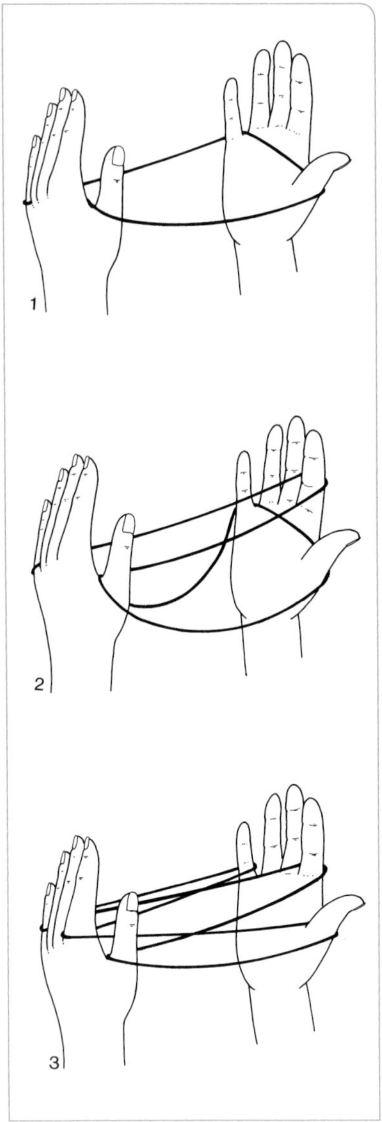

Fadenspiele für einen einzelnen Spieler.

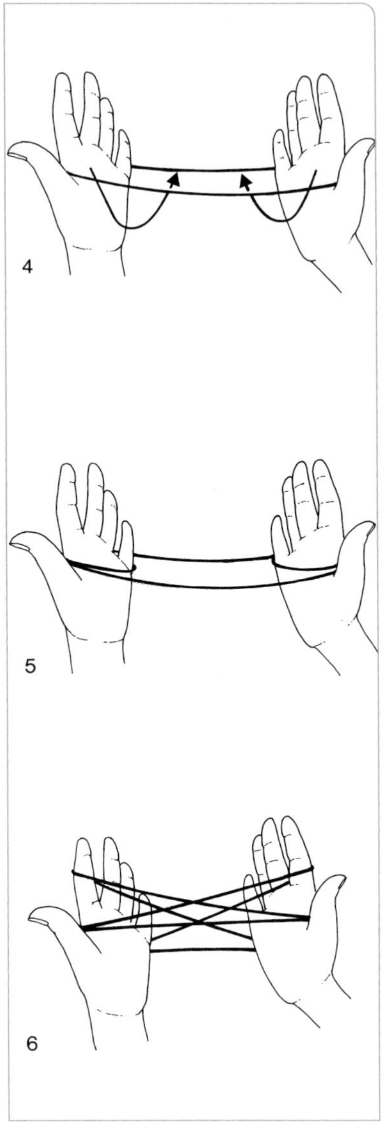

Fadenspiele für zwei Spieler.

Zum Weiterlesen

Aichele, Karl: Unser Liederbuch. Metzlersche Verlagsbuchhandlung, Stuttgart 1950.

Ariès, Philippe: Geschichte der Kindheit. dtv Wissenschaft, München 1998.

Beig, Maria: Rabenkrächzen. Suhrkamp Taschenbuch, Frankfurt 1983.

Dirx, Ruth: Kinderspiele von Januar bis Dezember. Econ-Verlag, Düsseldorf 1998.

Braemer, Helga, Falk, Renate u. a.: Das große Ravensburger Buch der Kinderbeschäftigungen. Otto Maier Verlag, Ravensburg 1976.

Gööck, Roland: Das große Buch der Spiele, Bertelsmann-Verlag, Gütersloh 1968.

Grunfeld, Frederic (Hrsg.): Spiele der Welt II. Fischer Taschenbuch-Verlag, Frankfurt/M. 1997.

Kampmüller, Otto: Spiele, spielend leicht. Verlag Jugend und Volk, Wien–München 1970.

Beschreibung des Oberamts Künzelsau, Kohlhammer, Stuttgart, 1883. Neuausgabe mit Genehmigung des Stat. Landesamtes Stuttgart, H. Bissinger, Magstadt, 1968.

Lederer, Helga und Fehenberger, Hannerl: Kinderspiele, Kinderspielzeug selbst gemacht. BLV Verlagsgesellschaft, München 1989.

Lehner-Hain, Hildegard: Spaß mit Spielen. Verlag Herder, Freiburg 1970.

Meier, Ernst: Deutsche Kinderreime und Kinderspiele aus Schwaben. Tübingen 1851.

Müller-Stein, Helen: Kinderspiele, die Spaß machen. Falken-Verlag, Niedernhausen 1996.

Münchner Stadtmuseum: Aus Münchner Kinderstuben 1750–1930, Ausstellungskatalog 1976.

Plohn, Helene: Ratgeber für Kinderspiele, Humboldt-Taschenbuchverlag, München 1998.

Preetorius, Johanna: Knaurs Spielbuch, Droemersche Verlagsanstalt, München 2009.

Rauser, Jürgen-Hermann: Dörzbacher Heimatbuch, 1980.

Rauser, Jürgen-Hermann: Heimatbuch Weißbach-Crispenhofen, 1982.

Rauser, Jürgen-Hermann: Kupferzeller Heimatbuch, 1985.

Renner-Bentz, Maria: Kinderspiele und Spiellieder aus Schrozberg. Maschinenschrift bei der Württ. Landesstelle für Volkskunde in Stuttgart, 1956.

Schmidt, Eleonore: Die Welt des Dörzbacher Kinderspiels. In: Rauser, Dörzbacher Heimatbuch 1980.

Schubart, Gertrud: Gesungene Kinderspiele. Forschungsstelle für fränkische Volksmusik, Band 35. Hrsg. Horst Steinmetz, Walkershofen 1986.

Stöcklin-Meier, Susanne: Natur-Spielzeug. Ravensburger Buchverlag, Ravensburg 2000.

Trapp und Pintzke: Das Bewegungsspiel. Langensalza 1891.

Weber-Kellermann: Die Kindheit. Insel-Verlag, Frankfurt/M. 1997.

Woll, Johanna, Merzenich, Margret und Götz, Theo: Feste und Bräuche im Jahreslauf, Eugen Ulmer, Stuttgart 2001.

Woll, Johanna: Weihnachten gestern und heute. Swiridoff Verlag, Künzelsau 2001.

Zechlin, Ruth: Werkbuch für Mädchen. Otto Maier-Verlag, Ravensburg 1950.

Altes Wissen

Wissen über alte Kinderspiele wird meistens durch mündliche Überlieferung weitergegeben. Es lohnt sich also neben dem Recherchieren in Büchern, mit den entsprechenden Leuten direkt zu sprechen. Wer sich für weitere alte Spiele oder deren Hintergründe interessiert, kann sich an Experten wenden; sie geben in aller Regel ihr Wissen sehr gerne weiter. Spezialisten für alte Kinderspiele sind neben den mehrfachen Großmüttern die Volkskundler oder Ethnologen. In vielen Museen und vor allem in Freilichtmuseen und Museumsdörfern wird altes Spielzeug ausgestellt und in einigen davon finden auch regelmäßig Mitmachaktionen oder „Spieltage" statt, die von diesen Stätten organisiert werden. Ein Überblick über die Freilichtmuseen in Deutschland wird auf der Internetseite www.vl-freilichtmuseen.de gegeben. Gerade zu Spielen im Freien haben pädagogische Einrichtungen wie Waldkindergärten, die momentan immer populärer werden, und Umweltbildungsstätten einen reichen Wissens- und Erfahrungsschatz.
Auch das Internet bietet einiges Interessantes zum Thema an: Unter dem Stichwort „alte Kinderspiele" kommt man zum Beispiel auf die Seiten der Datenbank zur Europäischen Volkskunde www.sagen.at. Hier sind nicht nur Märchen und Sagen zu finden, sondern auch einige Forumsbeiträge zum Thema Kinderspiele.

Bildquellen

Bauer, Roland, Braunsbach-Winterberg: Seite 32, 35, 39, 41, 45, 51, 71, 84, 104
Bausch, Karl, Schwäbisch Hall-Wolpertsdorf: Seite 23
Bildarchiv Hohenloher Freilandmuseum Schwäbisch Hall-Wackershofen: Seite 12, 14, 19
Bildarchiv Stadt Waldenburg: Seite 10
Gemke, Marlene, Neuried: Zeichnungen
Horn, Alfons: Titelfoto
Kuch, Erich, Dörzbach-Hohebach: Seite 5, 26, 28, 29, 42, 43, 55, 61, 75, 105, 106, 111
Kühnle, Karl, Schwäbisch Hall: Seite 101
mauritius images: Seite 2, 6/7, 24/25, 78/79, 86/87
Schröter, Wolfram, Mainhardt-Hütten: Seite 91
Wieland, Werner, Waldenburg-Sailach: Seite 15
Woll, Bernhard, Waldenburg: Seite 89 (2), 90, 95 (2), 96

Register

Die in diesem Buch enthaltenen Empfehlungen und Angaben sind mit größter Sorgfalt zusammengestellt und geprüft worden. Eine Garantie für die Richtigkeit der Angaben kann aber nicht gegeben werden. Autor und Verlag übernehmen keinerlei Haftung für Schäden und Unfälle.
Der Verlag Eugen Ulmer ist außerdem nicht verantwortlich für den Inhalt von Links.

Bibliografische Information der Deutschen Nationalbibliothek
Die Deutsche Nationalbibliothek verzeichnet diese Publikation in der Deutschen Nationalbibliografie; detaillierte bibliografische Daten sind im Internet über http://dnb.d-nb.de abrufbar.

Wollgrasweg 41, 70599 Stuttgart (Hohenheim)
E-Mail: info@ulmer.de
Internet: www.ulmer.de
Umschlag: red.sign, Anette Vogt, Stuttgart
Satz: Pagina GmbH, Tübingen
Herstellung: Eva Saskova
Druck und Bindung: Firmengruppe APPL, aprinta Druck Wemding
Printed in Germany

ISBN 978-3-8001-7707-3